Zu diesem Buch

Alle Menschen sind von Natur aus gleich – oder doch zumindest in ihren Anlagen weit weniger verschieden als in ihren Lebensläufen. Über die Entfaltung von Begabungen entscheidet wesentlich das Milieu der ersten Lebensjahre. Körperliches Gedeihen und seelische Geborgenheit sind wichtig; ebenso wichtig aber ist eine Umwelt, die dem Kleinkind seine geistigen Fähigkeiten ausbilden hilft. Denn fünfzig Prozent der Intelligenz eines Menschen entwickeln sich bis zum vierten Lebensjahr.

Die Kinderpsychologin Genevieve Painter hat ein Programm erprobt, das den Eltern die Intelligenzförderung ihres Kleinkindes so leicht wie möglich macht. Die Übungen lassen sich ohne Schwierigkeiten in den Tagesablauf eingliedern. Sie verlangen weder großen Zeitaufwand noch besondere Vorbildung. Ein gezielter «Spiel-Unterricht» vermittelt dem Kind eine Vielzahl von Erfahrungen, die das sensomotorische Zusammenwirken, die Sprachfähigkeit, das Gedächtnis, die Urteilskraft, die Begriffsbildung, die Abstraktions-, Assoziations- und Lernfähigkeit optimal fördern.

Dr. Genevieve Painter hat langjährige Erfahrungen auf den Gebieten der Rehabilitationstherapie und der Kindererziehung. Seit 1963 arbeitet sie mit einem Forschungsauftrag der Universität von Illinois an dem wissenschaftlich-empirischen Programm, das diesem Buch zugrunde liegt.

Genevieve Painter

Baby-Schule

Entwicklungsanregungen
für Kleinkinder

Mit einem Vorwort von
Prof. Dr. Rudolf Dreikurs

Rowohlt

Die Originalausgabe erschien unter dem Titel «Teach Your Baby» im
Verlag Simon and Schuster, New York
Zeichnungen von Loretta Trezzo
Aus dem Amerikanischen übertragen von Wolf-Eberhard August

Umschlagentwurf Werner Rebhuhn

Ungekürzte Ausgabe
Veröffentlicht im Rowohlt Taschenbuch Verlag GmbH,
Reinbek bei Hamburg, Februar 1975
© 1971 Genevieve Painter
© Verlagsgruppe Bertelsmann GmbH / Bertelsmann Ratgeberverlag,
München, Gütersloh, Wien 1972
Satz Aldus (Linotron 505 C)
Gesamtherstellung Clausen & Bosse, Leck/Schleswig
Printed in Germany
ISBN 3 499 16894 4

Inhalt

Vorwort 9

Einführung 11
Was sagen Wissenschaftler zur frühkindlichen
Erziehung? 11
Gründe für das Versagen in der Schule 12
Wie Eltern die geistige Entwicklung ihres Kindes
beeinflussen 13
Die wissenschaftlichen Grundlagen für das Programm
dieses Buches 14

Erster Teil
Grundregeln für die Eltern 17

Entwicklung und Erziehung Ihres Kindes 19
Neugeborene sind bereit zu lernen 19
Sinnesempfindungen des Babys 19
Worin sich Babys ähnlich sind 20
Worin sich Babys unterscheiden 20
Wie Babys lernen 20
Machen Sie Ihr Kind zu einem Mitglied der Familie 21
Der Magen-Fahrplan 21
Rechte des Babys, Rechte der Familie 22
Schlafen oder Nichtschlafen 22
Die günstigste Spielzeit 23
Schaffen Sie dem Baby eine Welt, die ihm die besten
Entwicklungschancen gibt 23
Die häusliche Atmosphäre 23
Unterrichten Sie Ihr Kind durch das Spiel 24
Wie der tägliche Stundenplan zusammengestellt
wird 24
Bereits erworbene Kenntnisse und Neuland
für das Kind 25
Wie der Übungsplan den Fähigkeiten des Babys
angepaßt wird 26
Zeit zum Wiederholen, Zeit zum Entdecken 26
Einordnung des Spielzeugs und die eingeplante
Spielzeit 27

Ein Platz für den Spielunterricht 27
Der Nutzen, der über Spaß und Spiel hinausgeht 28
Aufnahmefähigkeit des Babys – Grundlage für das
Lernen 28
Spielzeug und die weitere Ausstattung 29
Väter sind ebenfalls gute Lehrer 29
Haben Sie Spaß an der Sache, doch ermüden Sie
das Baby nicht 29
Machen Sie das Beste aus diesen wichtigen
Lebensjahren 30

Entwicklungsmodelle 30
Die körperliche und geistige Entwicklung 30
Die kindliche Entwicklung vollzieht sich
unterschiedlich 31

Entwicklungsmuster 32
1. Kopfbewegungen 32
2. Sitzen 34
3. Fortbewegung 35
4. Stehen 36
5. Laufen 37
6. Das Greifen und Loslassen 38
7. Greifen mit Daumen und Fingern 40
8. Zusammenspiel der Finger 41
9. Zusammenspiel der Hände 41
10. Zusammenspiel von Augen und Händen 42

Helfen Sie Ihrem Baby lernen 43
Die Bedeutung der Geborgenheit 44
Das Anfangslernen 44
Ihre Haltung gegenüber den Lernübungen Ihres
Babys 45
Richtlinien für den täglichen Unterricht 45

Zweiter Teil
Lehrprogramme 49

Von der Geburt bis zum Sitzenkönnen 51
Der 1. Monat 51
Anregungen für das Fühlen 51
Anregungen für das Sehen 52
Anregungen für das Hören 52
Allgemeine Anregungen 53

Tages-Lehrprogramme 53
2. und 3. Monat 55
Anregungen für das Fühlen 57
Anregungen für das Sehen 58
Anregungen für das Hören 59
Allgemeine Anregungen 59
Tages-Lehrprogramme 60
4. und 5. Monat 63
Planmäßiges Spielen 64
Anregungen für das Fühlen 64
Anregungen für das Sehen 65
Anregungen für das Hören 67
Allgemeine Anregungen 68
Anregungen für das Nachahmen – die Anfänge
des Sprechens 69
Tageslehrprogramme 70

Vom Sitzen zum Umhertapsen 74
6. bis 8. Monat 74
Anregungen für das Sehen 76
Anregungen für das Hören 79
Anregungen für das Fühlen 80
Allgemeine Anregungen 81
Anregungen für das Nachahmen 82
Räumliche Vorstellung 83
Tages-Lehrprogramme 83
9. bis 11. Monat 88
Anregungen für das Sehen 89
Anregungen für das Hören 90
Anregungen für das Fühlen 91
Allgemeine Anregungen 91
Nachahmen und Ausdrucksfähigkeit 92
Räumliche Vorstellung 93
Selbstbewußtsein 94
Ursache und Wirkung 95
Tages-Lehrprogramme 95
12. bis 14. Monat 101
Anregungen für das Sehen 102
Anregungen für das Hören 105
Anregungen für den Geruchssinn 105
Anregungen für das Nachahmen 105
Vorstellungskraft und Rollenspiel 106
Selbstbewußtsein 106

Räumliche Vorstellung 107
Das Lösen von Aufgaben 107
Sprachliche Entwicklung 110
Tages-Lehrprogramme 113

Vom Tapsen zum Laufen 118
15. bis 20. Monat 118
Fingerfertigkeitsübungen 120
Muskeltraining 121
Selbstbewußtsein 122
Nachahmen 123
Vorstellungskraft 123
Zeitgefühl 123
Das Lösen von gestellten Aufgaben 124
Sprachfähigkeit 128
Tages-Lehrprogramme 131
21. bis 29. Monat 136
Fingerfertigkeit 137
Muskeltraining 137
Geruchssinn 139
Selbstbewußtsein 139
Vorstellungskraft 139
Zeitgefühl 140
Abschätzen von Gewichten 140
Erziehung zur Selbständigkeit 141
Aufgaben lösen 142
Sprachfähigkeit 144
Tages-Lehrprogramme 146

Laufen, Klettern und Sprechen 152
30. bis 36. Monat 152
Fingerfertigkeit 153
Muskeltraining 154
Selbstbewußtsein 155
Vorstellungskraft und Rollenspiel 156
Zeichnen 156
Zeitgefühl 157
Aufgaben lösen 157
Sprachfähigkeit 160
Tages-Lehrprogramme 165
Nachwort 171
Fremdworterklärungen 174
Hinweis für empfehlenswertes Spielzeug 178
Register 180

Vorwort

Es ist erfrischend, ein Buch für Eltern vor sich zu haben, das diesen nicht nur die allgemeinen Klischees anbietet – «Alles, was das Kind braucht, ist genügend Liebe»; «Sie müssen Geduld haben»; «Sie dürfen von Ihrem Kind nicht zu viel fordern»; oder «Sie dürfen Ihr Kind nicht unterdrükken».

Statt dessen beschreibt dieses Buch sehr detailliert die Lehrmethoden, die die Eltern zum Nutzen ihrer Kinder anwenden können und sollten.

Die Eltern haben im allgemeinen wenige Anhaltspunkte für das richtige Verhalten, wenn es darauf ankommt, mit der Erziehung eines Kindes zu beginnen. Was die Eltern für richtige Erziehung halten, ist mehr aus der jeweiligen Situation heraus geboren und daher oft unzureichend oder falsch. Mehr denn je ist es erforderlich, daß Babies und Kleinkindern geholfen wird, ihre Anlagen und Fähigkeiten so zu entwickeln, daß sie unter den bestmöglichen Bedingungen aufwachsen – Bedingungen für ihr körperliches und geistig-seelisches Wohlergehen.

Früher wuchsen Kinder in größeren Familien auf, in denen das ältere Kind das jüngere mitversorgte und sich alle an der Hausarbeit beteiligten. Jedes Kind war einbezogen in das Tun der Geschwister und die Anregungen, die diese ihm damit gaben. Die Mutter hatte gewissermaßen nur die Oberaufsicht und konnte so dem Jüngsten, dem Baby, viel Zeit widmen.

Heute haben wir eine ganz andere Situation in der Durchschnittsfamilie. Obwohl die Zahl der Kinder in einer Familie gewöhnlich geringer ist, finden viele Mütter es sehr schwierig, sich mit den speziellen Entwicklungsproblemen des Kleinkindes zu befassen. Diese Mütter wissen nicht, wie sie ihre Kinder zur Mithilfe heranziehen oder wie sie mit den vielen Streitigkeiten und Zänkereien unter den Geschwistern fertig werden

9

sollen. So ist ihre Erziehung zwar gut gemeint, aber wenig förderlich. Sie sind dann auch oft ärgerlich und ungerecht und schon zufrieden, wenn sie ein wenig Ruhe vor den Kindern haben und diese sie nicht herausfordern. So bleibt so gut wie keine Zeit für konstruktives Spielen und Lernen mit ein wenig Spaß für beide Teile (Mutter und Kinder) übrig.

Dr. Painter hat ein beachtenswertes neues Element in die Kleinkindererziehung eingefügt. Sie hat einen Weg gefunden, Kleinkinder zu «unterrichten». Die meisten Eltern wissen, daß das Kleinkind ganz selbstverständlich im Laufe seiner Entwicklung genug über sich und seine Umwelt lernt; sie wissen jedoch nicht, daß eine Mutter ihr Kind schon in den ersten Wochen seines Lebens «unterrichten» kann.

Die Übungsprogramme in diesem Buch geben der Mutter – trotz der begrenzten Zeit für jedes Tagesprogramm – eine wirksame Bereicherung im Verhältnis zwischen ihr und ihrem Kleinkind. Nicht die Dauer der Übungen, sondern das zielgerichtete Ausnutzen der gegebenen Zeit ist entscheidend. Die moderne Mutter kann nun genauso leicht und mit dem gleichen Effekt die Erziehung ihres Kindes steuern wie die Mutter früherer Generationen, die ihren Erziehungsplan selbst aufstellen mußte.

Dieses Buch hilft vor allem der Mutter mit mehreren Kindern, eine natürliche Ordnung in der Familie herzustellen, innerhalb der jedes Kind gleichberechtigt und selbstverantwortlich neben den anderen steht, ohne kämpfen, sich unterwerfen oder klein beigeben zu müssen oder ständig kontrolliert zu werden.

Für die Mutter mit nur einem Kind wird dieses Buch ebenso hilfreich und lohnend sein.

Nach unserer Erfahrung können Eltern viel leichter erfassen, was zu tun ist, wenn ihnen ausgewogene Informationen in Form von praktikablen Anleitungen, Gebrauchsanweisungen oder Programmen gegeben werden, die sich auf das Wesentliche beschränken. Das hat Dr. Painter in bewundernswerter Weise mit diesem Buch erreicht.

Jede Mutter, die ihr Baby in seiner Entwicklung unterstützen will, kann sofort nach der Geburt ihres Kindes den «Unterricht» mit den Lehrprogrammen dieses Buches beginnen. Sie wird bald entdecken, wieviel Vergnügen diese Übungen bereiten und wie das Bedürfnis des Babys nach Lernanregungen wirksam gestillt wird.

Dr. Rudolf Dreikurs
Prof. emer., Medizinische Akademie, Chikago
Gründer des Verbandes der Kindererziehungszentren von Chikago

Einführung

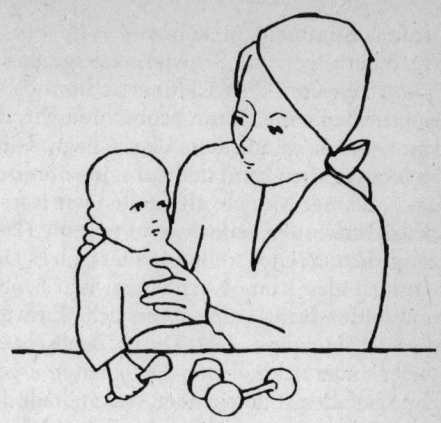

Was sagen Wissenschaftler zur frühkindlichen Erziehung?

Erzieher gelangen immer mehr zu der Überzeugung, daß die Erziehung, die ein Kind während seiner ersten Lebensjahre durch seine Eltern erhält, ausschlaggebend für die Entwicklung seiner geistigen Fähigkeiten und seine Begriffsbildung ist, die es ihm später ermöglichen werden, in der Schule erfolgreich zu arbeiten. In seinem Buch «Beständigkeit und Veränderungen menschlicher Eigenschaften» faßt Benjamin S. Bloom rund tausend verschiedene Untersuchungen zur kindlichen Entwicklung zusammen, die während der letzten fünfzig Jahre vorgenommen wurden. Diese Untersuchungen stimmen darin überein, daß die aktivste Zeit der kindlichen Entwicklung, sowohl der körperlichen wie der geistigen, zwischen der Geburt und dem vierten Lebensjahr liegt; während dieser Zeit wird der Intelligenzquotient (IQ) des Kindes entscheidend beeinflußt. Das heißt: Aus dem IQ eines Vierjährigen läßt sich ziemlich genau errechnen, welchen IQ dieser mit siebzehn Jahren erreichen wird. Man kann also sagen, daß die Eltern gerade in den ersten Lebensjahren ihres Kindes dessen geistige Entwicklung, seine zukünftige Lernfähigkeit grundlegend beeinflussen können. Dieses Buch soll den Eltern bei dieser schwierigen Aufgabe helfen.

Was ist kindliche Intelligenz, und wie wird sie gemessen? Die Beweglichkeit, körperliche Aktivität und Flinkheit eines Babys gibt die Höhe seines IQ an. Sein IQ wird errechnet, indem man sein Verhalten und seine Reaktionen beobachtet und sie mit den Durchschnittswerten der Entwicklung anderer Babies derselben Altersstufe vergleicht. Das Verhalten von mehreren 1000 Babies wurde sorgfältig beobachtet und statistisch erfaßt, um die Durchschnittswerte oder Normen für jede Altersstufe bestimmen zu können. Wird das Kind älter, steigen auch die Anforderungen und Schwierigkeitsgrade dieser Untersuchungen.

Im frühesten Entwicklungsstadium beobachten wir zuerst, ob es den Kopf heben kann. Dann beobachten wir, ob es seine Schultern anheben kann, wenn es auf dem Bauch liegt, seinen Kopf von einer Seite zur anderen drehen kann und auf seine unmittelbare Umgebung reagiert. Ist das Kind vier Monate alt, stellen wir fest, ob es erregt reagiert (was das Wiedererkennen zeigt), wenn es seine Flasche oder ein vertrautes Spielzeug sieht. Weiter stellen wir fest, ob es Dinge, die es fallen gelassen hat, wiederfinden kann. Nach einem Jahr beobachten wir, ob es stehen kann und laufen lernt, seine sprachliche Entwicklung, das Zusammenwirken dieser Fähigkeiten usw. Durch Beobachten und Vergleichen dieser und vieler anderer kindlicher Fähigkeiten ergeben sich aus diesen Untersuchungen die grundlegenden Bestandteile der Intelligenz: das sensomotorische Zusammenwirken, die Sprachfähigkeit, das Gedächtnis, die Urteilskraft, die Begriffsbildung, die Abstraktions-, Assoziations- und Lernfähigkeit.

Gründe für das Versagen in der Schule

In den frühen 60er Jahren fiel den Erziehern in den USA auf, daß immer mehr Kinder in der Schule versagten. Der größte Teil dieser Kinder stammte aus sehr armen Familien. Schon im Alter von drei Jahren fehlten vielen Kindern wichtige Voraussetzungen für ein gründliches Lernen in den unteren Schulklassen. Zum Beispiel wird ein Kind im Vorschulalter, das verschiedene Formen und Muster nicht unterscheiden kann oder nicht sieht, wie verschiedene Teile zu einem Ganzen zusammenzufügen sind – etwa in einem Puzzlespiel –, große Schwierigkeiten beim Lesenlernen haben, das ja von der Wahrnehmung noch weitaus feinerer Unterschiede zwischen den einzelnen Buchstaben und Worten abhängt. Bei dem Versuch, die Ursachen für solche Mängel in der kindlichen Entwicklung zu finden, stimmten Experten darin überein, daß ein Grund hierfür das Fehlen der frühkindlichen Erziehung durch die Eltern sei. Belastet und ganz in Anspruch genommen durch ernste Existenzprobleme, sind Eltern mit niedrigem Einkommen oft nicht in der Lage, mit ihren Kindern zu spielen, mit ihnen zu reden, ihnen etwas zu erklären oder ihre Entwicklung durch Beschaffen von Büchern und Spielzeug zu fördern. Es wurde festgestellt, daß der Besuch einer Vorschule einen Teil dieser Mängel wettmachen kann und vor einigen erzieherischen Problemen, die später auftreten können, bewahrt.

1965 kamen in den USA erstmals 500000 Vier- bis Fünfjährige für sechs bis acht Wochen in eine Vorschule. Es stellte sich bald heraus, daß das nicht genügte. So wurde das Programm erweitert und umfaßte erst ein Jahr, später zwei Jahre Vorschulerziehung. Der IQ dieser Vorschüler stieg, aber beim Eintritt in die erste Schulklasse änderte sich das oft. Obwohl das Programm offensichtlich auf dem richtigen Wege war, kam es doch zu spät.

Erzieher und Forscher haben aufgrund dieser Erfahrungen nachdrücklich betont, welch entscheidende Bedeutung für die geistige Entwicklung des Kindes den ersten drei Lebensjahren zukommt. Die Rolle von Heim und Familie für die kindliche Entwicklung wurde immer mehr zum Gegenstand wissenschaftlicher Untersuchungen und allgemeinen Interesses.

Wie Eltern die geistige Entwicklung ihres Kindes beeinflussen

Während der ersten drei Lebensjahre sind die Eltern natürlich die wichtigsten Menschen im Leben eines Kindes. Seine erste Umgebung, sein Heim und seine Familie tragen viel zu seiner geistigen und seiner gesamten späteren Entwicklung bei. Eine herzliche Beziehung zu Mutter, Vater und Geschwistern fördert sein Selbstvertrauen. In solch einer Umgebung fühlt sich ein Kind geborgen und geliebt; es lernt, anderen zu vertrauen. Die Möglichkeiten zum sensomotorischen Lernen durch das Sehen, Hören, Fühlen und Bewegen lassen das Baby vieles über Gegenstände und auch über sich selbst, seinen Körper, seine Fähigkeiten erfahren. Seine Eltern und älteren Geschwister sind natürlich von seinen Fortschritten entzückt und überrascht. Diese wichtige Reaktion ermuntert das Baby, seine Bemühungen fortzusetzen und seine Welt zu erforschen. Das Spielen mit allen Familienmitgliedern hilft ihm, sich anderen Menschen anzupassen, seine Familie kennenzulernen und unterschiedlich auf jeden, der mit ihm spielt, zu reagieren. Die Anregung zur Beschäftigung mit sich selbst hilft ihm, das notwendige Maß an Selbständigkeit zu entwickeln und mit Problemen fertig zu werden. Durch phantasievolles Spiel mit einfachen Gegenständen – dem Wasserhahn, den Türklinken, dem Schraubenzieher – wird es in seiner Entwicklung gefördert. Es lernt, das Vertraute von Unbekanntem zu unterscheiden. Es lernt, welche Beziehung die Dinge zu ihm selbst und zu seiner Umwelt haben. Dieses ideale Heim – warm, freundlich und wohlgeordnet – erleichtert dem Kind das Lernen.

In den meisten Familien handeln die Eltern während der ersten Lebensjahre ihres Kindes auch danach. Nach Burton L. White, dem Direktor des Harvardschen Vorschulprojektes, gibt es jedoch schon während des zweiten Lebensjahres des Kindes große Unterschiede im Verhalten der Eltern. Er stellt fest, daß die Neugier eines Kleinkindes, sein Lerneifer und seine Sprachfähigkeit eine *kluge* Mutter dazu anregen, mit dem Baby zu reden und seine wachsenden Ansprüche zu befriedigen. Für andere Mütter bedeutet das Heranwachsen ihres Babys jedoch nur, daß es sich selbst in Gefahr bringen könnte und es daher ihrer größeren Aufmerksamkeit und Sorge bedürfe. In Familien mit vielen kleinen Kindern wird die Mutter wiederum ständig darauf achten, daß das Baby nicht andauernd störend vor ihren Füßen herumkrabbelt.

Nach den Untersuchungen des Harvardschen Forschungsteams ist es erwiesen, daß ein Kind, dem die Mutter durch einen «Spiel-Unterricht» eine Vielzahl von Erfahrungen vermittelt, sich seelisch und geistig gut entwickeln und weder im Kindergarten noch in der Schule Schwierigkeiten haben wird. Mängel in der mütterlichen Erziehung treten in allen Gesellschaftsschichten auf; Kinder aus Familien des Mittelstandes haben jedoch die größten Aussichten, in ihrer Entwicklung durch ihre Mutter wertvolle Unterstützung zu erhalten. Ebenso stimmen die Forscher darin überein, daß die meisten Eltern es gar nicht verstehen, die Umwelt ihres Babys sinnvoll zu gestalten und zu bereichern. Mit den in diesem Buch angewandten Methoden sollen die Eltern veranlaßt werden, die Anregungen zur Schaffung einer Umwelt, die die geistige Entwicklung ihres Kindes fördert, aufzugreifen und selbständig auszugestalten.

Die wissenschaftlichen Grundlagen für das Programm dieses Buches

1963 begann ich mich im Rahmen einer Hochschule für die Erziehungswissenschaft zu interessieren, insbesondere für die Lernprobleme von Schulkindern. Ich hatte bereits im öffentlichen Kindererziehungs-Zentrum in Chikago gearbeitet und in den drei vorhergehenden Jahren an der Rehabilitationstherapie. Die dort gesammelten Erfahrungen bestärkten mich in meiner Ansicht, daß etwas zur Behebung der besonderen erzieherischen Probleme im Kindergarten geschehen müsse – und zwar durch sinnvoll-hilfreiches Spielen in all den Jahren bis zum Schulbeginn. Ebenso wie andere Wissenschaftler alarmierte mich die große Zahl der Kinder, die mit drei oder vier Jahren in den Kindergarten und später in die Schule kamen und im Anfang nicht in der Lage waren, das zu lernen, was die Lehrer unterrichteten, oder es ganz einfach nicht wollten.

Ungefähr zu dieser Zeit wurde ich gebeten, ein wissenschaftliches Erziehungsprogramm zu entwickeln und zu leiten, das von der Universität Illinois angeregt und von der nationalen Erziehungsbehörde finanziert wurde. Unsere Untersuchungen wurden in zwei Phasen geteilt. In der ersten hielten sich einige Lehrer ein Jahr lang täglich eine Stunde in einer Familie mit Kindern auf. Ziel dieses Zwei-Phasen-Programms war es, festzustellen, ob Kleinkinder, die ein Jahr lang erzieherisch betreut wurden, einen bedeutenden Anstieg des IQ gegenüber denen aufzuweisen hätten, die diese Betreuung nicht erfuhren.

In der ersten Phase begannen zwei Lehrer und ich ganz einfach, mit den Kleinkindern zu Hause zu spielen, ebenso wie es ihre Mutter getan hätte. Wir wandten jedoch Prinzipien der Kindespsychologie an, mit dem Ziel, den Kindern die Dinge beizubringen, die wir für ihr erfolgreiches Abschneiden in der Schule als nötig ansahen: den Gebrauch ihrer Sinne, ihres Körpers, besonders ihrer Hände; den Gebrauch der Sprache; die Fähigkeit, Probleme zu lösen; die visuelle Aufnahmefähigkeit usw.

Die dreißig Kinder, die für unsere Untersuchungen ausgesucht wurden, waren acht bis vierundzwanzig Monate alt, gesund und hatten einen durchschnittlichen IQ. Sie wurden untersucht und aufs Geratewohl in zwei Gruppen aufgeteilt – in die eine, die die Sonderbetreuung erfahren sollte, die Versuchsgruppe, und die andere, die keine Betreuung erhalten sollte, die Kontroll- oder Vergleichsgruppe. Nach einem Jahr Sonderbetreuung durch die Lehrer war der IQ der Kinder der Versuchsgruppe durchschnittlich um 10 Punkte angestiegen gegenüber dem der Kinder der Vergleichsgruppe, der auf dem Stand des Vorjahres verblieben war.

Im nächsten Jahr wurden die Mütter mit unseren Erziehungsmethoden vertraut gemacht, die die Lehrer im vorhergehenden Jahr angewandt hatten. Daraufhin begannen diese Mütter, ihre eigenen Kinder – im Alter von 5 bis 24 Monaten – zu «unterrichten». Frau Erladeen Badger, die die Mütter unterrichtet hatte, machte Hausbesuche und bemerkte erfreut, daß die Kinder glücklich mit ihren Müttern eine Stunde lang «arbeiteten». Am Ende des Jahres wiesen die Kinder, die von ihren eigenen Müttern unterrichtet worden waren, einen IQ auf, der durchschnittlich um 16 Punkte höher war als der der Kinder der Vergleichsgruppe.

Es gab jedoch noch Unterschiede zwischen den beiden Gruppen der Versuchskinder und der Vergleichskinder, die deutlicher zu Tage traten als die Abweichungen zwischen ihren IQ. Die Kinder der Versuchsgruppe waren lebhafter und in der Lage, viel mehr Dinge zu tun als die anderen Kinder. Der Lehrer oder ein Elternteil hatten jedem Versuchskind beigebracht, seine Hände und seinen Körper zu gebrauchen, und dazu beigetragen, daß die Phantasie der Kinder, ihre Urteilskraft, Begriffsbildung und Gliederungsfähigkeit sich gut entwickelten. Die Kinder wurden in dem Gefühl bestärkt, daß sie die Fähigkeit besitzen, zu lernen und vieles selbst zu tun; daher waren sie auch bereit, zu lernen und zu arbeiten; sie waren bereit, für den Testleiter etwas zu leisten – sie waren «arbeitsfreudig».

Die Lern- oder Leistungsfähigkeit eines Kindes ist keine bestimmte Größe. Ist seine Umgebung aktiv und anregend, wird auch seine Lern-

und Leistungsfähigkeit ansteigen.

Diese Ergebnisse sind für alle Lehrer von großer Bedeutung. Von noch größerem Interesse ist ihre Bedeutung für die Eltern, die sich als wirksamste Lehrer ihrer eigenen Kinder erwiesen haben.

Die Methoden, die unseren Versuchen zugrunde liegen, werden in diesem Buch vorgestellt. Die ersten Lernprogramme – von der Geburt bis zum Alter von sieben Monaten – wurden in Champaign-Urbana, Illinois, und in Mt. Carmel, Illinois, mit Hilfe einiger Mütter entwickelt, die diese Programme bei der Erziehung ihrer eigenen Kinder anwandten. *Alle* Programme wurden von 1968 bis 1969 ausführlich im Rahmen des Kinderprogramms des Eltern-Kind-Zentrums in Mt. Carmel, Illinois, einem staatlichen Forschungsinstitut, das von Melvin Noe geleitet wird, erprobt.

Ich bin stolz darauf, an diesen bahnbrechenden Forschungen mitgearbeitet zu haben. Ich bin dem Alfred-Adler-Institut in Chikago, dem Erziehungsministerium, der Universität von Illinois und dem Eltern-Kind-Zentrum, Mt. Carmel, Illinois, und allen Menschen, die mit mir gearbeitet und die Untersuchungen unterstützt haben, zu großem Dank verpflichtet; besonders aber den Müttern und ihren Babies, ohne die es weder unsere Untersuchung noch unser Buch geben würde.

Es ist meine feste Überzeugung, daß alle Eltern, die diese Methoden befolgen und sie regelmäßig und folgerichtig anwenden, die geistige Entwicklung ihres Kindes beeinflussen können, so daß es die bestmöglichen Voraussetzungen für den Schuleintritt erhält. Ich kann nun die Ergebnisse dieser aufregenden Untersuchungen an alle Eltern weitergeben, die fragen: «Was kann ich für mein Kind tun?»

Erster Teil

Grundregeln
für
die Eltern

1. Entwicklung und Erziehung Ihres Kindes

Neugeborene sind bereit zu lernen

Wenn Ihr Kind auf die Welt kommt, ist seine erste Reaktion auf den Wechsel von der wohlig-weichen, warmen, dunklen Umgebung im Mutterleib zur ungewohnten, vergleichsweise kühlen Atmosphäre im grellen Licht des Geburtszimmers ein durchdringendes Schreien. Es tritt damit sehr aktiv in dieses Leben ein. Ihr neugeborenes Baby kann schon viele Dinge tun. Es kann schreien, niesen, schlucken, am Daumen lutschen, seine Milch trinken (saugen), lächeln (manche sagen, das sei übertrieben), Ihren Finger umklammern und sogar seinen Körper aufrichten, wenn Sie ihm dabei helfen. All diese Dinge sind Instinkthandlungen, die es dem Baby ermöglichen, der Situation angemessen zu reagieren. Zum Beispiel kann ein Baby sich leichter aufrichten, wenn es schreit und erregt ist, als wenn es satt und friedlich ist. Es hört vielleicht auf zu trinken, wenn es ein helles Licht sieht, oder es hört zu weinen auf, wenn es ein Geräusch wahrnimmt.

Sinnesempfindungen des Babys

Sämtliche Sinne des Babys sind bei der Geburt oder einige Stunden danach funktionsbereit. Natürlich bedeutet das nicht, daß es seine Umwelt so wie wir begreifen kann. Was wir über das Leben wissen, haben wir in langen Jahren der Erfahrung und Reife gelernt. Als wir Babies waren, sahen wir die Dinge auch nicht so, wie sie wirklich waren. Wir konnten weder die einzelnen Dinge noch uns selbst von unserer Umwelt unterscheiden. Jedoch ist ein Baby bei der Geburt schon mit all den Fähigkeiten ausgestattet, die es für seine körperliche und geistige Entwicklung braucht. Seine Sinnesempfindungen ermöglichen ihm das Lernen und die freie Entfaltung in seiner Umwelt.

Worin sich Babies ähnlich sind

Obwohl die Babies sehr verschieden sind, ähneln sie sich doch alle in mancher Hinsicht. Ihr Kind hat seine eigene Persönlichkeit – und doch viel mit anderen Kindern gemein. Aufgrund seiner Erfahrungen entwikkelt es verschiedene Eigenschaften – einige sind allen Menschen eigen; andere prägen seinen Charakter und seine Individualität. Seine Entwicklung erfolgt kontinuierlich, denn der physische Reifungsprozeß läuft gesetzmäßig ab. Dieser «normale» Reifungsprozeß wurde von Wissenschaftlern bis ins kleinste Detail erforscht. Sie können uns z. B. sagen, daß ein neugeborenes Kind, das auf den Bauch gelegt wird, in dieser Lage verharren wird. Mit der Zeit wird es seine Muskeln unter Kontrolle bringen und in der Lage sein, seinen Kopf zu heben, anfangs nur für einen Augenblick, später für längere Zeit. Gemäß dem natürlichen Entwicklungsprozeß wird ein gesundes Kind eines Tages sitzen, kriechen, krabbeln, schließlich aufrecht stehen und laufen können. Dieser gesetzmäßige Entwicklungsprozeß wird von Generation zu Generation vererbt.

Worin sich Babies unterscheiden

Die individuellen Unterschiede zwischen Babies sind durch ihre verschiedenartigen Erbanlagen bedingt. Sie können von keiner Tabelle ablesen, wann genau Ihr Kind sitzen, krabbeln, laufen oder sprechen kann. Es gibt da eben sehr grundlegende Unterschiede in der Entwicklung der einzelnen Kinder. Diese Unterschiede werden z. T. auch durch die mannigfaltigen individuellen Erfahrungen hervorgerufen.

Wie Babies lernen

Da ein Baby vom Augenblick seiner Geburt an fähig ist zu lernen, wird seine Entwicklung natürlich durch seine Umwelt beeinflußt. Zum Beispiel lernt das Kind, das in einem Heim aufwächst, wo sich die Fürsorge im wesentlichen nur auf das Füttern und Windelwechseln beschränkt, nicht soviel wie das Kind, das bei seinen Eltern aufwächst, die Zeit haben, liebevoll mit ihm zu spielen. Die körperliche und geistige Entwicklung von Heimkindern schreitet wesentlich langsamer voran als bei anderen Kindern. Doch trotz aller erzieherischen Möglichkeiten, die sich den Eltern bieten, ist die Entwicklung des Kindes durch die Natur begrenzt: z. B. kann kein Kind im Alter von drei Monaten sich ohne Hilfe aufsetzen; das kann es wahrscheinlich erst mit neun oder elf Monaten. Wir wissen auch, daß ein Kind, das bereits laufen kann, manchmal wieder zu krabbeln anfängt. Ein Kind, das schon einige Worte gelernt hat, kann durchaus in seiner sprachlichen Entwicklung stehenbleiben oder sogar in ein früheres Stadium zurückfallen und zeitweilig nur noch dahinbabbeln. Dieser Rückfall ist ein wichtiger und notwendiger Bestandteil der Entwicklung. Indem es wieder Verhaltensweisen vorhergehender Phasen annimmt, wird es in die Lage versetzt, den nächsthöheren Entwicklungsgrad zu erreichen.

Machen Sie Ihr Kind zu einem Mitglied der Familie

Während seines ganzen Lebens wird das Kind sich anderen anpassen müssen. Die ersten Beziehungen zu anderen Menschen nimmt das Kind innerhalb seiner Familie auf. Die Eltern müssen ihr Kind lehren, mit anderen Menschen auszukommen und zusammenzuwirken. Von Anfang an sollten Sie Ihr Kind wissen lassen, daß es ein Mitglied der Familie ist, daß es in sie unlösbar integriert ist. Es sollte nicht unnötig den Lebensrhythmus der Familie ändern oder sich gar als Mittelpunkt des Interesses betrachten, etwa als Ursache zur Gründung der Familie. Man tut ihm keinen Gefallen, wenn man es zum Mittelpunkt der Welt macht. Eltern, die ihrem Kind allzu viel Aufmerksamkeit widmen, werden dessen oft müde, wenn das Kind älter wird; und sicher mißt ihm die Umwelt dann nicht die gleiche Bedeutung bei. Ein Baby braucht Nahrung, Schlaf und liebevolle Zuwendung; aber je weniger Aufregungen es in die Lebensgewohnheiten der Familie hineinbringt, desto besser ist es.

Der Magen-Fahrplan

Das Kind sollte an bestimmte Essenszeiten gewöhnt werden, damit es lernt, sich dem Tagesablauf der Familie anzupassen. Jedoch sollte man dabei die Bedürfnisse des Kindes berücksichtigen und natürlich auch einen Kinderarzt befragen. Kinderärzte geben unterschiedliche Anweisungen in bezug auf den Ernährungsfahrplan, aber die meisten stimmen darin überein, daß das Baby sich selbst an regelmäßige Essenszeiten gewöhnen wird. Ein natürlicher Rhythmus in den Mahlzeiten und anderen biologischen Funktionen fördert das Kind in seiner körperlichen und sozialen Entwicklung. Die Ursache für die meisten Ernährungsschwierigkeiten ist die Überängstlichkeit vieler Mütter. Wenn das Baby seine Nahrung «auf Verlangen» erhält, gibt die überängstliche Mutter nach und gibt ihm sein Essen, wann immer es sich regt. Bekommt es seine Mahlzeiten im «4-Stunden-Rhythmus», erwartet sie den nächsten Termin mit wachsender Anspannung, während das Baby vielleicht schon eine halbe Stunde eher zu schreien anfängt. Einige Minuten früher oder später spielen keine Rolle in dem Zeitplan, jedoch ist die Haltung der Mutter sehr wichtig. Sie sollte ruhig und gelöst sein, wenn sie ihr Baby füttert. Obwohl manche Mütter es kaum glauben wollen: es ist wirklich nicht nötig, sich in bezug auf das Füttern Sorgen zu machen. Wir können uns auf das Hungergefühl des Babys verlassen und brauchen uns nicht zu bemühen, seinen Appetit anzuregen. Ein Baby «weiß», wieviel es essen muß. Wenn es einmal etwas mehr ißt, wird es das nächste Mal etwas weniger essen. Hierüber braucht die Mutter ihr Kind nicht zu «belehren», und das Wissen darum sollte ihre Sorge um die richtigen Nahrungsmengen verringern, zumal, wenn sie dazu den Kinderarzt befragt hat. Die Aufgabe der Mutter liegt nur darin, ihr Baby an einen Magenfahrplan zu gewöhnen und dabei nicht ängstlich zu sein.

Rechte des Babys, Rechte der Familie

Zusammenarbeit, Ordnung und Regelmäßigkeit sind wesentlich für ein harmonisches Familienleben. Wenn das Baby seine Nahrung erhält – Brust oder Flasche –, lernt es, mit einem anderen Familienmitglied «zusammenzuarbeiten». Notwendigerweise bedarf es gemeinsamer Anstrengungen. Das Baby muß versuchen, seine Nahrung zu bekommen, und es muß lernen, diesbezüglich mit der Mutter «zusammenzuarbeiten». Die Mutter wiederum sollte versuchen, das Baby an einen für sie bequemen Ernährungsplan zu gewöhnen. Auf diese Weise wird die Nahrungsaufnahme für das Baby zu einem Modell für eine Gemeinsamkeit, das bei all seinen späteren Beziehungen weiterbestehen wird. Eine Mutter, die «alles für das Wohl ihres Kindes opfert», erweist ihm damit keinen guten Dienst. Durch eine derartige Haltung ergeben sich für das Kind und die ganze Familie mehr Schwierigkeiten. In einer glücklichen Familie müssen die Rechte und Bedürfnisse der Eltern und der anderen Kinder ebenso berücksichtigt werden wie die des Babys.

Schlafen oder Nichtschlafen

Das Baby braucht Schlaf, Liebe und Fürsorge. Natürlich lieben Sie Ihr Baby, und es ist wichtig, daß Sie ihm diese Liebe zeigen. Liebe ist die schönste aller Erfahrungen eines Menschen. Wenn Sie Ihrem Baby Liebe und Fürsorge zuteil werden lassen, lehren Sie es, sich dem Familienleben anzupassen. Das Baby muß jedoch auch erkennen, daß das Schreien, wenn es satt, trocken und in jeder Weise zufriedengestellt ist, ihm keinen

Erfolg bringt. Manchmal hindern die Eltern ihr Baby tatsächlich am Schlafen. Ist das Baby versorgt und schreit immer noch, nimmt die ängstliche Mutter es wieder hoch und liebkost es. Sobald es aufgehört hat zu schreien, legt sie es wieder hin. Sofort fängt es wieder an, und sie nimmt es wieder hoch. Das Baby lernt sehr schnell, daß es durch Nichtschlafen und Schreien das Erscheinen der Mutter erzwingen kann.

Manche stolzen Eltern glauben, das Baby sei ein neues Spielzeug. Sie wecken es auf, damit Besucher sehen können, was für ein Prachtexemplar es doch ist. Aber das Baby hat ein Anrecht auf Schlaf, und die Eltern nehmen wenig Rücksicht auf ihr Kind, wenn sie das nicht beachten. Es ist jedoch nicht nötig, auf Zehenspitzen zu gehen und das ganze Haus ruhig zu halten, während das Baby schläft. Das Baby lernt leicht zu schlafen, auch wenn einige Geschäftigkeit im Hause herrscht.

Die günstigste Spielzeit

Dem Baby Liebe und Fürsorge zur angebrachten Zeit zu zeigen, ist wichtig für sein Wohlbefinden. Das Spielen mit den Kindern schafft die Grundlage für ein gutes Verhältnis zu ihnen. Sie können ein paar Minuten mit ihrem Baby spielen, wenn es wach ist. Sie sollten jedoch nicht nur deshalb mit ihm spielen, weil es ohne ersichtlichen Grund schreit. Das bestätigt es nur in seinem Verhalten. Dieses Buch möchte den Eltern Wege zeigen, wie sie durch das Spiel die Entwicklung ihres Kindes fördern und es gleichzeitig zu einem Familienmitglied erziehen können.

Schaffen Sie dem Baby eine Welt, die ihm die besten Entwicklungschancen gibt

Wenn Sie Ihr Baby gewaschen, gewickelt, gefüttert und es liebkost haben, ist es Zeit, sich Gedanken über die Gestaltung seiner Umwelt zu machen, um seine Entwicklung so gut wie möglich zu fördern.

Die häusliche Atmosphäre

Eine gelöste, gemütliche häusliche Atmosphäre hilft dem Baby, zu lernen. Die üblichen Geräusche im Haus, wie Lachen und Reden, das Tischdecken, das Summen des Staubsaugers usw. sieht das Baby bald als willkommen an. Der Tagesablauf sollte so geregelt sein, daß jedes Familienmitglied weiß, daß es allgemeine Regelungen gibt und daß bestimmte Dinge zu bestimmter Zeit geschehen. Feste Zeiten für die Mahlzeiten, den Mittagsschlaf, das Spiel und das Zu-Bett-Gehen sind für die Erziehung der Kinder wesentlich. In einem geordneten Heim können Schwierigkeiten in dieser Beziehung gar nicht erst auftreten. In einem Heim allerdings, in dem der Radio- oder Fernsehapparat andauernd dröhnen, in dem sich die Familienmitglieder anschreien und miteinander streiten und in dem es keine geregelten Eß- und Schlafgewohnheiten gibt, ist die Harmonie der Familie gestört, und Erziehungsprobleme werden dadurch begünstigt.

Unterrichten Sie Ihr Kind durch das Spiel

Ihr täglicher Stundenplan sollte auch einen Unterrichtsplan für das Baby enthalten. Dieses Buch will Ihnen helfen, einen solchen Plan aufzustellen, der für Sie und Ihr Kind leicht durchführbar ist. Die Übungen sind nach Schwierigkeitsgraden geordnet und der durchschnittlichen Entwicklung eines Babys angemessen. Sie werden in diesem Buch Zeichnungen und Beschreibungen von Spielzeug und anderen Dingen finden, die Sie in Ihr tägliches Übungsprogramm einbeziehen können. Um jedem Kind die Möglichkeit zu Spielübungen zu geben, die seiner Entwicklungsstufe und seinen besonderen Wünschen und Interessen entsprechen, habe ich viel mehr Übungsvorschläge gemacht, als Sie wahrscheinlich brauchen werden. Natürlich würde es Ihr Kind verwirren, wenn Sie es mit zuviel Spielzeug oder Übungen konfrontierten. Sie sollten also eine Auswahl treffen, indem Sie Ihr Kind beim gemeinsamen Spiel und den verschiedenen Übungen beobachten und so feststellen, woran es Freude hat, was es schwierig und enttäuschend findet, was interessant und abwechslungsreich.

Wie der tägliche Stundenplan zusammengestellt wird

Ihr täglicher Stundenplan sollte diese Hauptübungen enthalten:

1. Übungen, die es allein vor dem Einschlafen oder nach dem Aufwachen ausführt. Dazu gehören das Beobachten von Spielzeug und anderen Gegenständen, die über seinem Körbchen oder Laufställchen hängen, wenn es noch sehr klein ist; später kommt dazu das Spielen mit Dingen, die es selbst erreichen kann.

2. Übungen für zwangloses Spielen: Wenn das Kind größer wird und schon längere Zeit wach bleibt, sollte es Spielzeug, Puppen usw. erhalten, mit denen es allein oder mit anderen in seinem Laufställchen, seinem Zimmer oder anderswo spielen kann.

3. Übungen für den täglichen Unterricht: Täglich sollte man mit dem

Baby eigens zusammengestellte Spielübungen machen. Dies sollte immer zu einer bestimmten Zeit geschehen, in der Sie ungestört mit dem Kind spielen können. Während der ersten Lebensmonate werden Sie noch nicht viele Unterrichtsstunden einplanen können, denn das Baby braucht noch sehr viel Schlaf. Man muß die Übungen den kurzen Zeiträumen anpassen, in denen es munter ist. Wenn das Kind längere Zeit wach ist und an seinem Tisch sitzen kann, sollten die Übungen 15 bis 30 Minuten dauern, später eine Stunde. Diese Übungen sollten Sie bis ins Detail im voraus planen. Beobachten Sie, was das Kind wirklich leisten kann, und suchen Sie in diesem Buch die Lektionen heraus, die seinem Alter und seinem Entwicklungsstand entsprechen.

Bereits erworbene Kenntnisse und Neuland für das Kind

Beim Unterrichten eines Kindes ist es wichtig, sowohl schon erworbene Fähigkeiten wie auch die Entwicklung neuer Kenntnisse zu fördern. Der Unterricht sollte daher ebenso Übungen enthalten, die das Kind mit Leichtigkeit ausführen kann, wie solche, die ihm noch unbekannt sind. Sie werden ja im Laufe der Zeit feststellen, was Ihr Kind jeweils leisten kann. Dann schlagen Sie das seinem Alter entsprechende Kapitel in diesem Buch auf und wählen aus jeder Kategorie (Sehen, Hören, Fühlen, Nachahmen, Sprache usw.) eine Übung aus, die seinem Entwicklungsstand entspricht. Es ist ratsam, die Kapitel, die die vorhergehende und die folgende Altersstufe behandeln, ebenfalls durchzuarbeiten; so sehen Sie am besten, welche Übungen für Ihr Kind am geeignetsten sind.

Wie der Übungsplan den Fähigkeiten des Babys angepaßt wird

Hier einige Vorschläge dazu:

Wenn Ihr Baby (1) mit Daumen und drei Fingern greifen kann, (2) Gegenstände zu erreichen versucht, (3) aufgeregt und enttäuscht scheint, wenn es ein Spielzeug ergreifen will und merkt, daß es bereits in beiden Händen etwas hat, und (4) sich freut, wenn Sie mit ihm reden, können Sie folgende Übungen während einer Woche ausführen:

1. Lassen Sie es ziemlich große Gegenstände aufheben, denn es ist noch nicht in der Lage, sehr kleine Dinge zu ergreifen. Sie können es das zwar versuchen lassen; wenn es jedoch dabei ärgerlich wird, setzen Sie die Übung ab und versuchen es in einer Woche noch einmal.

2. Zeigen Sie ihm Gegenstände, an die es nicht heranreicht, so daß es übt, an sie zu gelangen.

3. Wenn es bereits in jeder Hand einen Gegenstand hält, zeigen Sie ihm einen dritten. Wenn es selbst nicht sieht, daß es einen der Gegenstände, die es in der Hand hält, fallen lassen muß, um den dritten zu ergreifen, nehmen Sie ihm einen fort und geben ihm den dritten. Machen Sie diese Übung mehrmals, bis es selbst dahinterkommt. Diese Übung wird seine Begriffsbildung und seinen Sinn für das Zuordnen bestimmter Dinge fördern.

4. Regen Sie es zum Nachahmen an; das ist eine Vorübung für das Sprechenlernen.

5. Geben Sie ihm Anregungen für das Sehen, Hören und Fühlen.

6. Versuchen Sie, ihm kausale Zusammenhänge näherzubringen (der Anfang geistiger Arbeit), indem Sie ein Spielzeug über sein Körbchen hängen, das einen Laut erzeugt, wenn das Baby dagegen schlägt.

Zeit zum Wiederholen, Zeit zum Entdecken

Kleine Kinder tun gern immer wieder dasselbe. Man sollte ihnen auch immer die Gelegenheit dazu geben, damit ihre Konzentration gestärkt wird, und sie auch neue Wege und Möglichkeiten im Umgang mit verschiedenen Dingen entdecken lassen, um ihre Phantasie anzuregen. Wenn das Kind noch nicht sprechen kann, gehen Sie mit ihm die Übungen für das Nachahmen durch. Es wäre natürlich dumm, dann schon die Sprechübungen, die gegen Ende dieses Buches vorgeschlagen werden, anzuwenden. Am Ende jedes Kapitels finden Sie Muster von Lehrprogrammen, nach denen Sie individuelle Tagespläne für Ihr Baby zusammenstellen können.

Einordnung des Spielzeugs und die eingeplante Spielzeit

Es ist wichtig, daß das Spielzeug, das Sie für das Lehrprogramm aussuchen, nicht wie gewöhnliches Spielzeug behandelt wird. Es sollte getrennt vom anderen aufbewahrt und nur zum «Spielunterricht» hervorgeholt werden. Dieses Spielzeug wird dann lange Zeit für das Baby interessant und eine Quelle für aufregende und anregende, schöpferische geistige Betätigung bleiben. Ein Pappkarton oder ein Plastikwäschekorb kann zur Aufbewahrung für dieses Lehrspielzeug dienen, das bis zum Unterricht außer Reichweite des Babys bleiben sollte. Sie sollten ihm dann jeweils nur ein Spielzeug geben, um damit zu «arbeiten».

Es wäre ratsam, ein Notizbuch zu führen, in dem Sie den täglichen Unterrichtsplan im voraus eintragen. Notieren Sie, was Sie wiederholen und welche neuen Übungen Sie machen wollen. Sie sollten auch festhalten, was Ihr Kind schon leisten bzw. noch nicht leisten kann und woran es besondere Freude hat.

Ein Platz für den Spielunterricht

Da die ersten Lebensjahre des Kindes auch die besten «Lernjahre» sind, sollten Sie einen festen Platz für den programmierten Spielunterricht schon für das Neugeborene reservieren. Dort sollte ein Tisch und ein Stuhl oder ein Laufställchen stehen; Sie können auch nur den Platz auf dem Fußboden dazu verwenden. Es hat sicher Freude daran, an seinem Tisch mit Mutter oder Vater eine Stunde lang zu «arbeiten» – vielleicht möchte es sogar noch länger spielen. Obwohl es das beste ist, gleich bei der Geburt mit den Übungen anzufangen, kann man damit auch später beginnen.

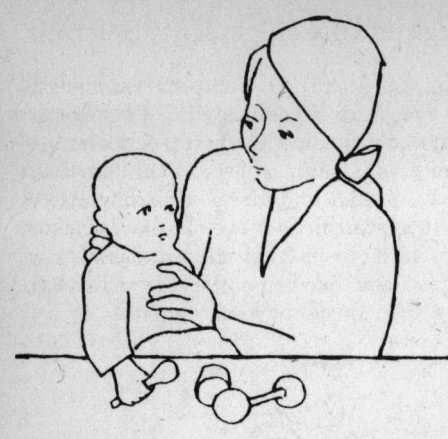

Der Nutzen, der über Spaß und Spiel hinausgeht

Die Übungsprogramme dieses Buches sollen Spaß durch das Spiel bringen, da Kleinkinder durch das Spiel lernen. Neben der Freude, die ihm das Spiel bereitet, lernt das Baby durch das Spiel das Sehen, Hören, Fühlen, die Funktionen seines Körpers. Noch wichtiger ist, daß sich das Verhältnis zu Vater und Mutter, die mit ihm spielen und es unterrichten, gut entwickelt.

Aufnahmefähigkeit des Babys –
Grundlage für das Lernen

Vom Augenblick seiner Geburt an entdeckt das Baby langsam – von Stunde zu Stunde, von Tag zu Tag – seine Umwelt. Dinge, die es sehen, hören, fühlen und riechen kann, tragen dazu bei, daß sich sein Verstand und seine Aufnahmefähigkeit weiterentwickeln.

Die Aufnahmefähigkeit ist die Grundlage für die spätere Lernfähigkeit – die Grundlage für das Sprechen und Lesen. Denken Sie daran, daß schon ein kleines Baby Probleme lösen kann. Es lernt schnell zu schreien, wenn es hungrig ist, und zu lächeln, schreien oder strampeln, wenn es hochgenommen werden will. Ihr Ziel muß es sein, es viele Dinge selbständig lernen zu lassen, so daß es später eigenverantwortlich handeln kann. Es wird sich dann selbst, seine Familie und die Schule richtig einschätzen können. Es wird zum Lernen «angeregt» – d. h., es wird lernen und arbeiten *wollen*, bis eine Aufgabe gelöst ist. All das bildet die Grundlage für seine spätere Lernbereitschaft.

Spielzeug und weitere Ausstattung

Es muß erwähnt werden, daß teures Spielzeug nicht unbedingt besseres Unterrichtsmaterial ist als billiges oder selbstgemachtes. Der Erfolg oder das Versagen unserer Programme hängen weniger vom Wert der Ausstattung ab als vom Erfindungsreichtum und Planen der Eltern, der Beziehung zwischen ihnen und ihrem Kind und der Regelmäßigkeit des täglichen Unterrichts. Während unserer Forschungsarbeit entdeckten wir, daß sich aus Zeitschriften herausgeschnittene Bilder ausgezeichnet zur Herstellung von Büchern und Puzzlespielen eigneten, zur Erweiterung des Wortschatzes und zum Einordnen von Gegenständen; sie lehren das Kind auch den schöpferischen Umgang mit dem vorhandenen Material.

Väter sind ebenfalls gute Lehrer

Die Rolle des Vaters hat sich in letzter Zeit gewandelt. Früher herrschte der Vater im Hause, und Mutter und Kinder hatten ihm zu gehorchen. Heute beanspruchen Mutter und Kinder gleiche Rechte. Beim heutigen Trend zur Gleichberechtigung und gegenseitigen Achtung beteiligen sich auch die Väter an der Kindererziehung und finden immer mehr Gefallen am Vater-Sein. Beim Spiel können Sie viel Einfluß auf Ihr Kind ausüben, denn das Spiel schafft ein Verhältnis gegenseitiger Liebe und Achtung. Der kluge Vater wird, ebenso wie die kluge Mutter, regelmäßig dafür Zeit aufbringen, mit seinen Kindern zu spielen.

Dieses Buch richtet sich an Vater und Mutter als Erzieher; wenn ich das Wort «Mutter» oder «sie» gebrauche, kann das genausogut «Vater» oder «er» bedeuten. Liebe Väter, tragen Sie zur Erziehung Ihres Kindes bei, wann immer Sie Zeit haben, mit ihm zu spielen.

Haben Sie Spaß an der Sache, doch ermüden Sie das Baby nicht

Überanstrengen Sie das Baby nicht. Wenn ihm das Spielen und Lernen Spaß macht, wird es lächeln und schmusen wollen, nach Spielzeug und Ihrer Hand greifen. Wird es unruhig oder aufgeregt, will es Ihnen damit sagen, daß es müde oder hungrig ist oder genug gespielt hat. Oder es sagt Ihnen damit, daß das Spiel zu schwierig oder nicht interessant genug ist. Beurteilen Sie das selbst.

Machen Sie das Beste aus diesen wichtigen Lebensjahren

Der wohlüberlegte Versuch, Babies zu erziehen, ist eine umwälzende Neuerung. Man hat wohl immer geglaubt, daß Babies und Kleinkinder einiges aus ihrer Umwelt annehmen, aber heute wissen wir, daß dieser Lebensabschnitt des Kindes von größter Bedeutung für seine spätere Lernfähigkeit ist. Wir können diese wichtigen Jahre nicht ungenutzt verstreichen lassen. Die in diesem Buch aufgezeigten Übungen geben ihrem Baby viele geistige Anregungen, die so nötig für seine späteren Erfolge in der Schule sind. Wenn Sie beständig mit Ihrem Kind anhand gut geplanter Tagesprogramme spielen, werden Sie es auf seine zukünftigen Lernaufgaben vorbereiten und das Beste aus diesen wichtigen Jahren machen. Unterrichten Sie Ihr Baby!

Entwicklungsmodelle

Die kindliche Entwicklung ist in allen Einzelheiten erforscht, und die einzelnen Stufen der Entwicklung normaler, gesunder Kinder sind schon oft beschrieben worden. Sogar bei Kindern, die sich etwas langsamer entwickeln, findet man Entwicklungsmuster, die denen aller anderen Kinder ähnlich sind. Jedoch können die Unterschiede im Ablauf der Entwicklung auch bei gesunden, normalen Kindern sehr groß sein. Die Entwicklung kann manchmal sehr schnell fortschreiten, so daß der Übergang von einer Stufe zur anderen nicht so leicht festzustellen ist. Ein andermal mag sie langsamer vorangehen und daher augenfälliger sein. Jedoch werden sich alle Entwicklungsvorgänge während der Kindheit immer weiter vervollkommnen und verfeinern.

Die körperliche und geistige Entwicklung

Die motorische Entwicklung beginnt bei der Geburt, wenn das Kind seinen Kopf dreht und Arme und Beine bewegt. Ein Neugeborenes kann noch keine Gegenstände ergreifen, aber es kann sehen und hören. Wenn es etwas älter ist, erregen großflächige, farbige und Lärm verursachende Dinge sein Interesse, und es versucht, sie zu erreichen. Es beginnt, sie mit den Augen zu «ergreifen», während seine Hände ziellos umhergreifen. Etwas später greift es zielbewußt nach Gegenständen, anfangs mit den

Fäusten, später mit der geöffneten Hand.

Sein Griff ist anfangs zaghaft und unsicher, und es gebraucht seine ganze Handfläche. Es läßt Gegenstände fallen, wenn es sie festhalten möchte, und weiß nicht, wie es sie loslassen soll, wenn es etwas anderes ergreifen möchte. Bald darauf lernt es jedoch, wie das zu bewerkstelligen ist. Es lernt zuerst, die ganze Hand einzusetzen, später dann das Greifen mit Daumen und Fingern. Das Kind nimmt anfangs den Daumen und alle Finger, wenn es einen Gegenstand ergreifen will; später nur zwei oder drei Finger und den Daumen und schließlich nur Daumen und Zeigefinger.

Die geistige Entwicklung beginnt, wenn das Baby die Beziehung zwischen Ursache und Wirkung – eine frühe Verstandesleistung – begreift; wenn es z. B. erkennt, daß es einen Gegenstand bewegen oder ein Geräusch erzeugen kann, wenn es gegen ein Spielzeug stößt, das über seinem Körbchen hängt. Es begreift, daß die Dinge einen Namen haben, noch bevor es diesen aussprechen kann; es babbelt, ehe es die richtigen Worte oder Sätze bilden kann.

Die kindliche Entwicklung vollzieht sich unterschiedlich

Die folgenden Entwicklungsmuster sollen es Ihnen ermöglichen, sich ein Bild von der körperlichen Entwicklung während der ersten drei Lebensjahre zu machen. Da die Kinder sich sehr unterschiedlich entwickeln, habe ich nicht bei jedem Beispiel Altersangaben gemacht. In den Überschriften der folgenden Kapitel ist zwar das Alter angegeben; das sind jedoch nur Annäherungsdaten, d. h., die in dem jeweiligen Kapitel vorgeschlagenen Übungen sind für Kinder, die *etwa* in diesem Alter sind, bestimmt. Seien Sie nicht besorgt, wenn Ihr Kind – gemessen an den angegebenen Altersstufen – zurückbleibt; denken Sie aber auch nicht, Ihr Kind sei ein Genie, wenn seine Entwicklung schon weiter fortgeschritten zu sein scheint.

1. Kopfbewegungen

Rückenlage

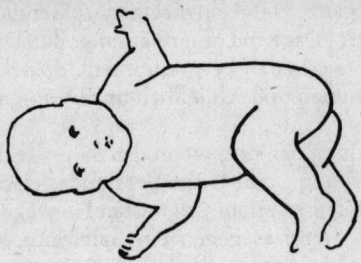

1. Es dreht den Kopf, kann ihn aber nicht heben

2. Der Kopf fällt zurück, wenn Sie es in Sitzstellung bringen

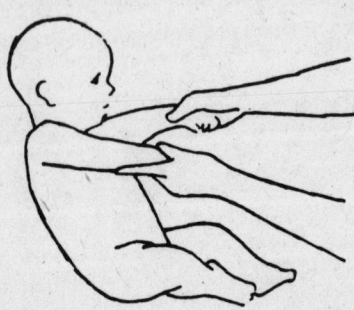

3. Im Sitzen hält es den Kopf ruhig und aufrecht

Bauchlage

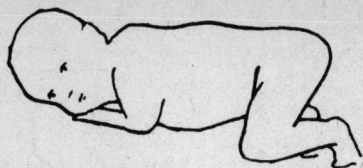

1. Es kann den Kopf nicht heben

2. Es beginnt, den Kopf zu heben

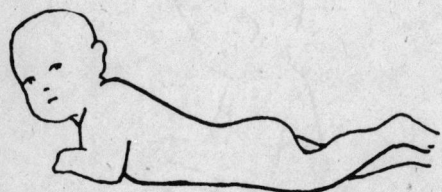

3. Es hebt Kopf und Schultern und stützt sich auf die Ellenbogen

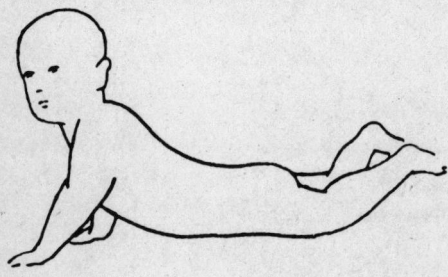

4. Es streckt die Arme

2. Sitzen

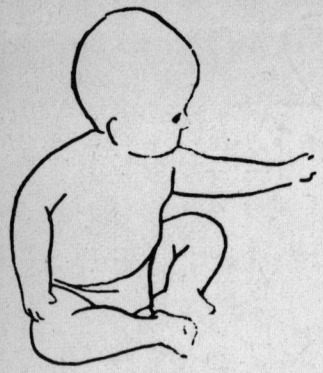

1. Es hält das Gleichgewicht

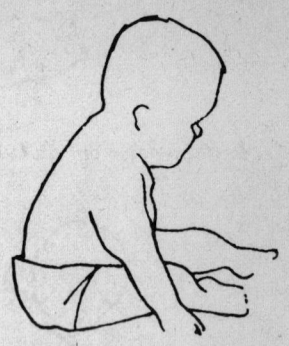

2. Es beugt sich nach vorne

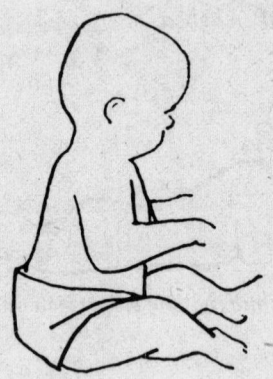

3. Es sitzt sicher

3. Fortbewegung
Rollen

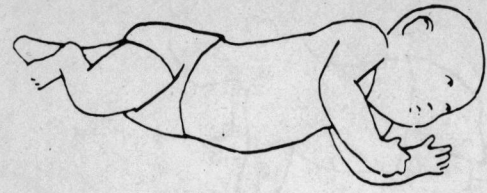

1. Es rollt vom Rücken auf den Bauch

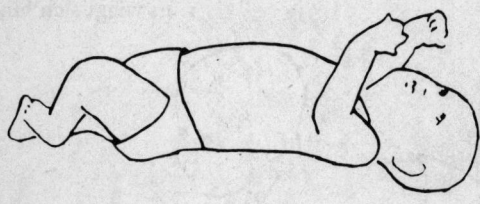

2. Es rollt vom Bauch auf den Rücken

Kriechen

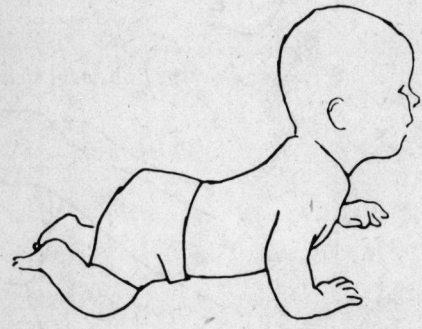

(Der Bauch berührt den Boden)

Krabbeln
(auf Füßen, Knien und Händen,
nicht auf dem Bauch)

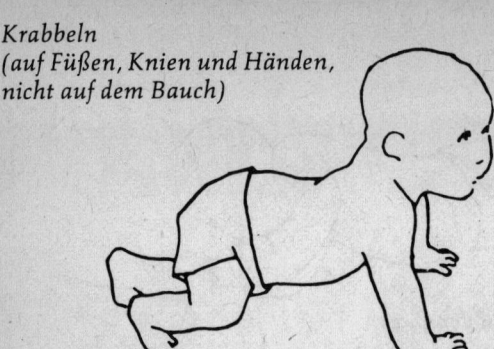

1. Es wiegt sich hin und her

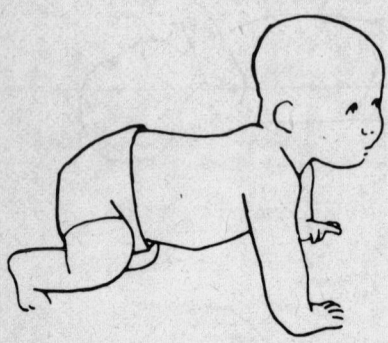

2. *Es bewegt sich vorwärts*

4. Stehen

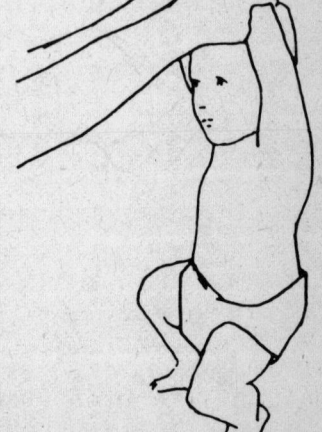

1. *Es strampelt,*
wenn man es an den Händen hält

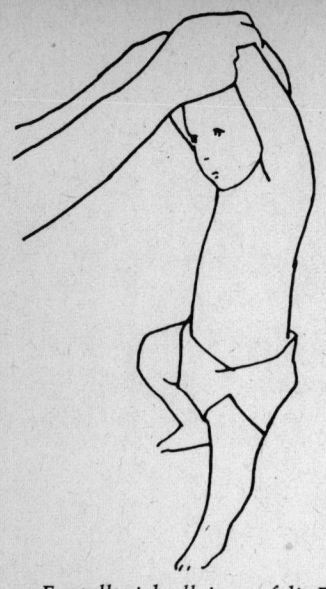

2. Es stellt sich alleine auf die Füße

3. Es steht einen Moment frei da

5. Laufen

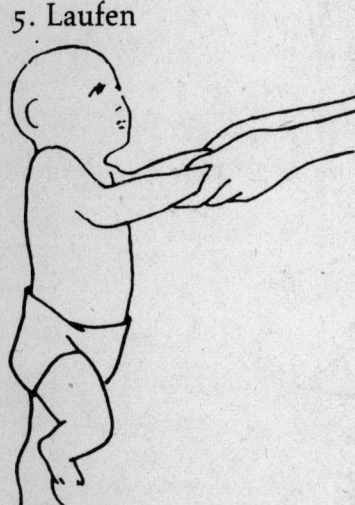

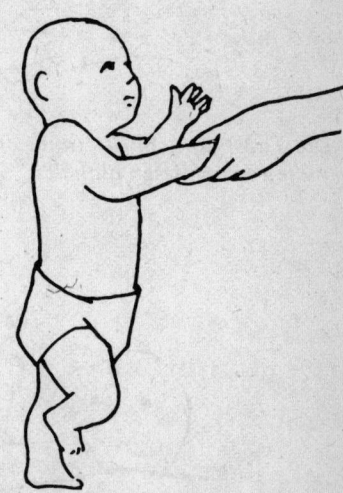

1. Es läuft,
wenn man es an beiden Händen
festhält

2. Es läuft,
wenn man es an einer Hand hält

6. Das Greifen und Loslassen

1. Die Faust umschließt (unbewußt) den Finger eines Erwachsenen, wenn man ihm diesen hinhält

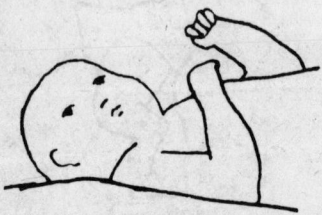

2. Die Hand ist geschlossen, die Arme bewegen sich ziellos hin und her, das Baby «ergreift» mit den Augen

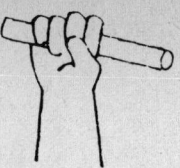

3. Die Hand ist immer noch geschlossen; das Baby kann noch nicht gezielt zugreifen, jedoch schließt es bewußt seinen Finger um einen Stock oder einen Finger, wenn man ihm diese nahe bringt

4. Die geöffnete Hand berührt, stößt und greift (bewußt) nach einem Gegenstand

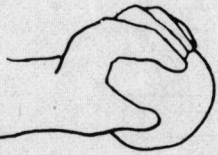

5. Es ergreift Gegenstände (sie können ihm wieder aus der Hand fallen)

6. Es greift fest mit der ganzen Hand zu und kann einen Gegenstand (bewußt) wieder fallen lassen

7. Greifen mit Daumen und Fingern

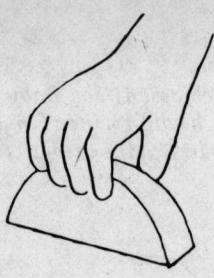

1. Mit Daumen und Fingerspitzen ergreift es einen Gegenstand und hebt ihn hoch

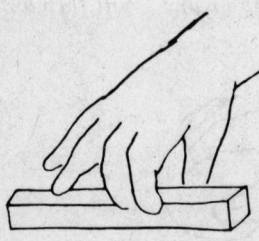

2. Mit Daumen, Zeige- und Mittelfinger hebt es einen Gegenstand hoch

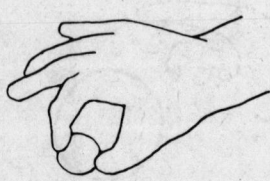

3. Mit Daumen und Zeigefinger hebt es einen Gegenstand von einigen Millimetern Durchmesser hoch

8. Zusammenspiel der Finger

1. Mit einem geringen Maß an Zielgerichtetheit kann es die Finger in alle Richtungen bewegen
2. Es kann den Zeigefinger allein einsetzen
3. Es kann den Daumen allein einsetzen

9. Zusammenspiel der Hände

1. Es streckt beide Arme in verschiedene Richtungen

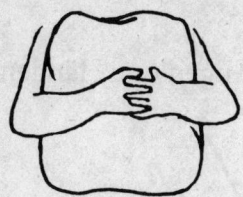

2. Mit beiden Armen hält es einen leichten Gegenstand

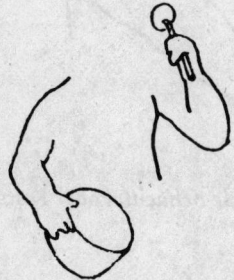

3. Es hält einen Gegenstand in einer Hand und kann mit der anderen etwas anderes tun

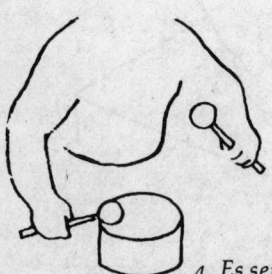

4. Es setzt beide Hände gleichzeitig ein

41

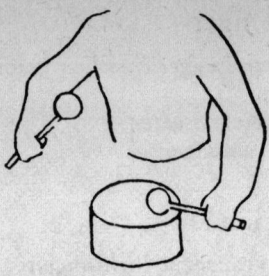

5. *Es gebraucht abwechselnd die eine und die andere Hand*

10. Zusammenspiel von Augen und Händen

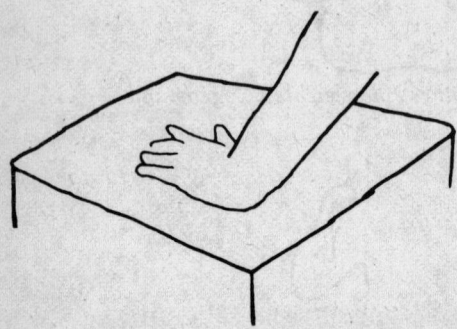

1. *Es steckt die Hand in eine große Schachtel oder Kiste*

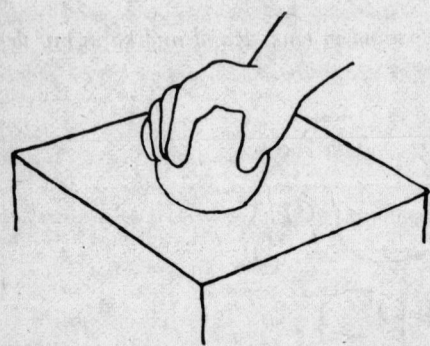

2. *Es legt einen Gegenstand in eine große Schachtel*

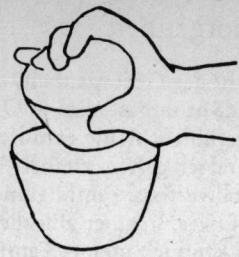

3. Es legt einen kleinen Gegenstand in einen kleinen Behälter (Eierbecher)

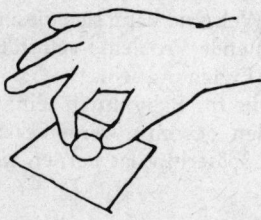

4. Es legt einen kleinen Gegenstand an einen ganz bestimmten Platz

Helfen Sie Ihrem Baby lernen

Die Erziehung für das Leben, die in der frühen Kindheit beginnt und während der folgenden Jahre weitergeführt wird, darf nicht nur Wissen vermitteln, sie soll maximale Entwicklungsmöglichkeiten bieten – in bezug auf Körper, Geist, Gefühl und soziale Integration. Das Kind muß lernen, mit anderen Menschen – in Familie und Gesellschaft – auszukommen; es muß lernen, zu lieben und zu vertrauen, das wird zu einer positiven Einstellung gegenüber Liebe und Ehe führen. Es muß lernen, zu seiner und anderer Zufriedenheit zu arbeiten, dem Leben mutig entgegenzutreten und sich als Teil des großen Weltgeschehens zu betrachten. Die Erfüllung dieser Lebensaufgaben schenkt ihm Selbstvertrauen.

Die Bedeutung der Geborgenheit

Jedes Kind braucht ein Gefühl der Geborgenheit, das durch Selbstvertrauen hervorgerufen wird: «Mit mir ist alles in Ordnung» – und auch ein Zusammengehörigkeitsgefühl: «Meine Familie liebt mich, und ich liebe sie; sie gehört zu mir, und ich gehöre zu ihr.» Um sich geborgen zu fühlen, sollte das Kind ein vollwertiges Familienmitglied sein und nicht nur ein hilfloses, forderndes Etwas. In einer glücklichen Familie soll sich jedes Mitglied fragen: «Was kann ich meiner Familie geben?» genauso wie: «Was kann ich von ihr erwarten?»

Ein Kind, das sich geborgen fühlt, wird lernen und schöpferisch arbeiten können. Es wird viel von seiner Umwelt lernen, und es wird auch ihr etwas von sich selbst geben können. Es fühlt sich als Teil unserer sich immer wieder verändernden Welt und kann sich diesen Veränderungen anpassen, indem es aufkommende Probleme selbständig löst. Das zu erreichen, sollte das Ziel jeder Erziehung sein.

Die Anfangserfahrungen, die Ihr Baby durch seine Umwelt und den Unterricht, den Sie ihm erteilen, gewinnt, werden es durch seine ersten Lebensjahre führen und ihm späterhin das Lernen wesentlich erleichtern.

Das Anfangslernen

Das Baby lernt aufgrund folgender Faktoren:

1. Ausprobieren. Indem man ihm Haushaltsgegenstände gibt und es damit umgehen läßt, begreift es durch seine eigenen Fehler, wie sie funktionieren. Zum Beispiel könnte es mit Eierbechern spielen. Durch Ausprobieren entdeckt es, daß man kleinere Becher in größere stecken kann, aber nie umgekehrt.

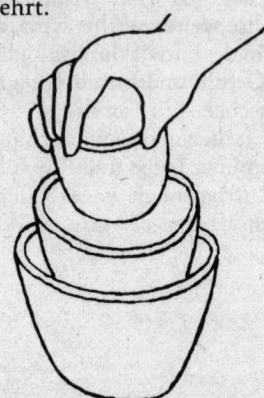

2. Nachahmung. Kinder lernen viel, indem sie andere Kinder und Erwachsene beobachten. Sie können Ihrem Kind irgend etwas vormachen, und wenn die Aufgabe für sein Alter nicht zu schwierig ist, wird es sie auch ausführen können, indem es Sie nachahmt.

3. Sachbedingte Auswirkungen. Wenn das Kind z. B. etwas Heißes anfaßt, lernt es, das nicht noch einmal zu tun, weil es weh tut.

4. Logische Konsequenzen. Da einige notwendige Übungen zu gefährlich sind, um sie das Kind selbst ausprobieren zu lassen, können wir ihm die logischen Folgen auch auf andere Weise verständlich machen. Wir können es z. B. jedesmal aus der Küche verbannen, wenn es in die Nähe des Herdes kommt, und ihm erklären: «Nicht, das ist heiß», bis es gelernt hat, vom Herd wegzubleiben. Auch kann die Mutter, wenn das Kind bei den Mahlzeiten bummelt, nach einer gewissen Zeit seinen Teller wegnehmen. Wenn es noch hungrig ist, lernt es, das nächste Mal schneller zu essen. Das Kind muß seine Erfahrungen selbst machen, die Eltern dürfen es nicht davor bewahren wollen; es muß lernen, mit Schwierigkeiten fertig zu werden; die Eltern dürfen sie nicht für das Kind aus dem Wege räumen.

Ihre Haltung gegenüber den Lernübungen Ihres Babys

Eine fröhliche, zuversichtliche, freundliche Haltung dem Baby gegenüber ist von großer Bedeutung für den Erfolg des Unterrichts. Es spornt seinen Lerneifer an, wenn es sich wohl fühlt und glücklich über seine Fertigkeiten ist. Es muß den Mut haben, Neues auszuprobieren. Wenn es mit einer Aufgabe nicht so gut fertig wird, ermuntern Sie es zu einem weiteren Versuch. Dadurch zeigen Sie ihm, daß Sie viel von seinen Fähigkeiten halten. Als Erzieher müssen Sie unbedingt an den Erfolg der Übungen glauben. Wenn Sie davon überzeugt sind, daß Sie Ihr Baby unterrichten können, werden Sie und auch Ihr Baby Freude am Unterricht haben.

Richtlinien für den täglichen Unterricht

1. Planen Sie täglich eine halbe bis eine Stunde Unterricht ein. Es ist wichtig, daß Sie die Übungen als notwendigen Bestandteil des Tagesablaufs ansehen.

2. Wählen Sie für den Unterricht die für Sie und Ihr Kind günstigste Zeit. Es sollte ausgeruht, frisch gewickelt sein und sich allgemein wohl fühlen.

3. Suchen Sie einen bestimmten Platz für den Unterricht aus, und

verwenden Sie diesen jeden Tag. Ein Tisch ist dem Sitzen auf dem Fußboden vorzuziehen, denn er vermittelt das Gefühl zu «arbeiten», eine gute Vorübung für den späteren Schulbesuch. Für das Baby, das gerade zu sitzen lernt, empfehle ich einen kombinierten Sitztisch, an dem das Baby festgeschnallt werden kann. Wenn Sie den täglichen Unterricht zu einer bestimmten Zeit und an einem bestimmten Ort durchführen, ist es für Sie bestimmt leichter, Ihr Kind zu unterrichten.

4. Ihr Baby sollte bequeme, nicht zu warme Kleidung tragen. Der Raum muß warm sein, aber nicht überheizt, und vor allem ruhig, damit das Kind nicht abgelenkt werden kann.

5. Spielzeug, das für den täglichen Unterricht gebraucht wird, sollte an einem besonderen Platz (Wäschekorb oder Karton) außer Reichweite des Kindes aufbewahrt werden, damit es weiterhin von besonderem Interesse für das Kind bleibt.

6. Auf dem Tisch sollte ein Karton stehen, in dem Spiele mit vielen kleinen Teilen – z. B. Perlen zum Auffädeln – enthalten sind.

7. Loben Sie Ihr Kind für jede gute Leistung. Wenn Sie seine Leistungen anerkennen und das, was es noch nicht kann, als nicht so wichtig nehmen, können Sie sicher sein, daß Sie es in allen Belangen ermutigen. Wenn Sie einen Fehler verbessern, zeigen Sie dem Kind, daß das nicht so wichtig ist. Zeigen Sie ihm einfach, wie man es richtig macht. Ermuntern Sie es und beweisen damit Ihr Vertrauen auf seine Fähigkeiten.

8. Führen Sie ein Notizbuch für den Unterrichtsplan. Suchen Sie die Übungen heraus, die Ihnen den meisten Spaß machen und Ihr Kind anspornen. Planen Sie den Unterricht im voraus und führen Sie Buch über das, was getan oder nicht getan wurde, und über das, was wiederholt werden müßte. Kleine Kinder tun gerne immer wieder dasselbe. Sie müssen Ihrem Kind immer wieder neue Aufgaben stellen, sonst besteht

die Gefahr, daß es immer nur Übungen machen will, die ihm vertraut und einfach erscheinen. Sie werden bald selbst den richtigen Weg finden, alte und neue Übungen in Ihr Programm einzubauen, und selbst merken, wann Sie schneller oder langsamer vorangehen müssen.

9. Es ist nötig, seine Konzentrationsfähigkeit zu fördern, so daß es sich längere Zeit mit einem einzigen Gegenstand beschäftigen kann. Zeigen Sie ihm verschiedene Möglichkeiten, mit dem Spielzeug umzugehen; aber lassen Sie es auch selbst neue Wege entdecken.

10. Geben Sie ihm immer nur ein Spielzeug. Legen Sie es in den Karton zurück, ehe Sie ihm ein neues geben. Wenn es etwas älter ist, lassen Sie es das Spielzeug selbst wegräumen.

11. Zerlegen Sie jede Übung in einzelne Teile. Wenn es z. B. Kästchen ineinandersetzen soll, geben Sie ihm erst zwei. Wenn es damit fertig wird, geben Sie ihm drei usw.

12. Beenden Sie den Unterricht, solange es dem Kind noch Spaß macht, d. h. bevor es müde und quengelig wird.

13. Wenn eine Übung zu einfach ist, gehen Sie schnell zu einer anderen über. Ist sie zu schwierig, setzen Sie damit einen Tag, eine Woche oder sogar einen Monat lang aus und versuchen es dann noch einmal.

14. Denken Sie daran, daß Sie der Lehrer sind und nach dem Stundenplan vorgehen müssen. Das Kind darf den Plan nicht umwerfen oder bestimmen, mit welchem Spielzeug es spielen möchte. Wenn Sie ein Puzzlespiel herausnehmen und es lieber Seifenblasen hervorzaubern will, versprechen Sie ihm fest, daß es dies tun darf, sobald das Puzzlespiel beendet ist. Bleiben Sie ruhig, und werden Sie nicht ärgerlich; sagen Sie ihm das nur einmal, aber halten Sie Ihr Versprechen. Es wird lernen, daß nicht immer alles nach seinem eigenen Kopf geht, daß es eine bestimmte Auswahl treffen kann und daß Sie nicht unerbittlich sind.

15. Wenn das Kind aus irgendeinem Grunde ärgerlich oder launisch wird, oder einfach schreit und quengelig wird, legen Sie die Spielsachen beiseite und arbeiten Sie am nächsten Tag weiter. Sie dürfen nicht böse werden und es nicht auf eine Kraftprobe ankommen lassen, in der Art: «Du tust jetzt, was ich sage!» und Ihr Kind etwa antwortet: «Ich will aber nicht!» Bleiben Sie ruhig und freundlich. Am besten lernt es durch die sich aus der Situation ergebenden – den sachlichen Bedürfnissen entsprechenden – Konsequenzen, nicht aber durch Bestrafung.

16. Es kann sein, daß es Spaß am Unterricht hat und weint, wenn er zu Ende geht. Setzen Sie den Unterricht deshalb nicht fort. Setzen Sie es in sein Laufställchen und geben ihm ein Spielzeug, mit dem es alleine spielen kann. Es lernt so, daß Sie zwar zeitweilig mit ihm spielen, es sich aber auch mal alleine beschäftigen muß.

17. Vergleichen Sie Ihr Baby nicht mit anderen. Kinder reagieren in bestimmten Situationen sehr unterschiedlich. Vergleiche sind gefähr-

lich. Wenn Sie sich etwa sagen: «Es lernt nicht so gut wie das und das Kind», merkt es, daß Sie kein Vertrauen zu ihm haben, und verliert vielleicht sein Selbstvertrauen. Es ist daher wichtig, daß Sie seine individuelle Persönlichkeit respektieren und es nicht ängstlich mit anderen vergleichen.

18. Das Ermutigen ist der Schlüssel zum Lernerfolg. Wird ein Kind angespornt, übt es weiter, auch wenn es nicht gleich richtig klappt; aber loben Sie es auch nicht fortwährend und kritiklos. Es sollte «arbeiten», weil es durch die Erfüllung einer Aufgabe Genugtuung empfindet. Ein Lob sollte etwa so klingen: «Welch ein hübsches Bild! Es hat bestimmt Spaß gemacht, das zu malen.» Loben Sie es nicht, nur damit es etwas tut, um Ihnen zu gefallen. Z. B. «Du bist ein lieber Junge, wenn du ein hübsches Bild malst.»

19. Ich würde Ihnen wirklich raten, sich mit einigen Müttern zu einer Studiengruppe zusammenzutun, um über die Methoden dieses Buches zu diskutieren und Anregungen und neue Ideen auszutauschen.

Zweiter Teil

Lehr-
programme

2. Von der Geburt bis zum Sitzenkönnen

Der 1. Monat

Die erste Aufgabe des Neugeborenen ist es, sich an die weite Welt außerhalb des Mutterleibes zu gewöhnen. Alle seine Körperfunktionen, die bisher auf die Enge und Geborgenheit des Mutterleibes abgestimmt waren, müssen sich nun der neuen, scheinbar grenzenlosen Umgebung anpassen. Wenn es nicht gerade Magendrücken hat oder sehr aufgeregt ist, schläft es die meiste Zeit und schreit in der Regel nur, wenn es Hunger hat. Normalerweise hat es täglich sieben oder acht Perioden des Wachseins und schläft nach dem Füttern sofort wieder ein.

Solange das Baby noch damit bemüht ist, sich körperlich der neuen Umgebung anzupassen, wird es nicht allzu viele äußere Anregungen aufnehmen können. Man sollte sein Schlafbedürfnis respektieren und darum auch nicht zu viel mit ihm spielen. Die folgenden Vorschläge für Anregungen seiner Sinnesempfindungen werden sich, wenn sie nicht übertrieben werden, nicht störend auf seine Anpassungsabläufe auswirken. Vertrauen Sie Ihrem eigenen Gefühl, und denken Sie daran, daß es viel Schlaf braucht. Wecken Sie es also niemals auf, um mit ihm zu spielen. Während der ersten Lebensmonate ist es am besten, wenn Sie beim Wickeln und nach dem Füttern mit dem ersten Spiel-«Unterricht» beginnen.

Anregungen für das Fühlen

1. Verändern Sie seine Lage. Das Baby soll sowohl auf dem Rücken wie auf dem Bauch liegen.

2. Während es auf dem Wickeltisch liegt, kann es kurz an Bauch, Rücken, Schultern, Armen und Beinen massiert werden.

3. Liebkosen Sie es, und drücken Sie es fest an sich.

4. Wiegen Sie es ein wenig in Ihren Armen.

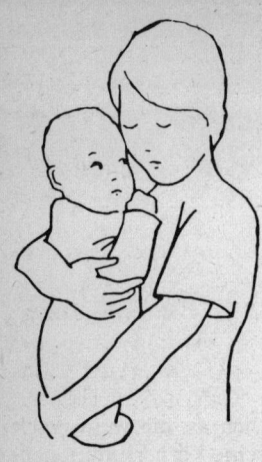

Anregungen für das Sehen

1. Stellen Sie sein Körbchen so auf, oder legen Sie es so, daß das Licht gleichmäßig auf beide Augen trifft.

2. Befestigen Sie ein helles Spielzeug an der Seite seines Körbchens, der sein Gesicht zugewandt ist. Es sieht noch nicht über ihm hängende Spielsachen, da sein Köpfchen immer auf einer Seite liegt. Das Spielzeug sollte ca. 30 cm von seinen Augen entfernt sein; Gegenstände in geringerer Entfernung kann es nicht sehen. Wenn es wach ist, bewegen Sie das Spielzeug hin und her, so daß es seine Aufmerksamkeit erregt. Unregelmäßige Formen erregen seine Aufmerksamkeit eher als glatte, ebenmäßige. Eine bunte Papierblume, an einem Stöckchen befestigte zerknüllte Aluminiumfolie oder andere Spielsachen unterschiedlicher Form und Farbe können abwechslungsreiche Anregungen bieten.

Anregungen für das Hören

1. Singen Sie ein Wiegenlied, oder sprechen Sie einen Kinderreim.

2. Lassen Sie für kurze Zeit das Radio spielen.

3. Spielen Sie ganz kurz eine Schallplatte oder ein Tonband. Vorsicht: Lassen Sie nicht ständig Musik spielen. Gewöhnlich «schalten» wir ja ab, wenn wir ständig die gleichen Laute hören.

Allgemeine Anregungen

1. Seien Sie sehr lieb zu ihm; genießen Sie sein Wohlgefühl, und zeigen Sie deutlich Ihre Freude. Seien Sie ganz gelöst und entspannt – es ist gar nicht so zerbrechlich!

2. Freuen Sie sich, es baden zu können, und es wird ebenso Spaß daran haben. Es ist günstiger und leichter für Sie, wenn Sie eine Babybadewanne benutzen als die große Familienbadewanne.

3. Bringen Sie es möglichst jeden Tag an die frische Luft, wenn Ihr Hausarzt es für alt genug dazu hält. Der Zeitpunkt für das erste Ausfahren hängt von der Jahreszeit, vom Gewicht des Babys und vom Standpunkt des Arztes ab.

4. Schieben Sie ab und zu sein Körbchen in einen anderen Teil des Zimmers. In Ihrem Haus braucht nicht absolute Ruhe zu herrschen. Es schläft auch bei Geräuschen und empfindet diese als angenehm, wenn es aufwacht.

Der 1. Lebensmonat

Es ist empfehlenswert, die Übungen auszuwählen, die am einfachsten mit den Lebensgewohnheiten des Babys in Einklang zu bringen sind. Die folgenden Tages-Lehrprogramme sind als Anregungen gedacht. Jedes einzelne Programm kann an mehreren Tagen wiederholt und die Übungen eines Tages können mit denen eines anderen ausgetauscht werden. Vertrauen Sie Ihrem eigenen Urteil bei der Auswahl der Übungen. Probieren Sie sie aus und beobachten, ob das Baby Spaß daran hat oder nicht. Sie dürfen es auf keinen Fall ermüden. Die folgenden Beispiele enthalten stichwortartig die Übungen, die Sie für Ihr Baby individuell zusammenstellen können. Die gleichen Übungen sind meistens ausführlich auf den vorhergehenden Seiten beschrieben. Dort finden Sie auch zur Auswahl eine weitaus größere Anzahl von Übungen, mit denen Sie das Tagesprogramm für Ihr Baby abwechslungsreich und interessant gestalten können.

Tagesprogramm I

Anregungen für das Fühlen
Massieren Sie es sanft beim Wickeln.

Anregungen für das Sehen
Stellen Sie das Körbchen so auf, oder legen Sie es so, daß das Licht gleichmäßig auf beide Augen trifft.

Anregungen für das Hören
Lassen Sie kurze Zeit das Radio spielen.

Allgemeine Anregungen
Baden Sie es liebevoll.

Tagesprogramm II

Anregungen für das Fühlen
Drehen Sie es vom Bauch auf den Rücken.

Anregungen für das Sehen
Stellen Sie sein Körbchen so auf, oder legen Sie es so, daß das Licht auf beide Augen trifft.

Anregungen für das Hören
Singen Sie ein Lied, wenn Sie es wickeln.

Allgemeine Anregungen
Seien Sie sehr lieb zu ihm und freuen sich über sein Wohlbefinden, wenn Sie es im Arm halten.

Tagesprogramm III

Anregungen für das Fühlen
Drehen Sie es vom Bauch auf den Rücken.
Liebkosen Sie es, und drücken Sie es fest an sich.

Anregungen für das Sehen
Stellen Sie sein Körbchen so auf, oder legen Sie es so, daß das Licht auf beide Augen trifft.

Anregungen für das Hören
Spielen Sie eine Schallplatte.

Allgemeine Anregungen
Schieben Sie sein Körbchen in einen anderen Teil des Zimmers.

Tagesprogramm IV

Anregungen für das Fühlen
Wiegen Sie es ein wenig in Ihren Armen.

Anregungen für das Sehen
Stellen Sie sein Körbchen so auf, oder legen Sie es so, daß das Licht auf beide Augen trifft.
Befestigen Sie ein helles Spielzeug an einer Seite des Körbchens.

Anregungen für das Hören
Singen Sie ein Wiegenlied.

Allgemeine Anregungen
Gehen Sie mit ihm spazieren.

2. und 3. Monat

Wenn das Baby einen Monat alt ist, sind seine Muskeln schon fester, seine Bewegungen besser aufeinander abgestimmt, und es erscheint weniger zerbrechlich. Es wirkt schon fast glücklich, wenn es sich behaglich fühlt, und läßt Sie wissen, wenn es sich unbehaglich fühlt. Das heißt, es ist glücklich, wenn es satt ist und trocken liegt; wenn es jedoch hungrig ist, macht es Sie durch sein Schreien schon darauf aufmerksam. Eine nasse oder schmutzige Windel mögen es stören oder auch nicht.

Die meiste Zeit schläft es noch immer, ist jedoch ein wenig lebendiger, wenn es aufwacht. Normalerweise wird es fünf- oder sechsmal am Tag gefüttert und noch häufig dabei einschlafen. Es blickt zum Fenster; das Licht erregt seine Aufmerksamkeit; es kann jedoch noch nicht das Fenster selbst erkennen. Es freut sich über Stimmen, Liebkosungen und das Baden; es kann jedoch das An- und Ausziehen als unbehaglich empfinden. Das beste für Sie und Ihr Kind ist es, wenn Sie ihm Sachen anziehen, die nicht über den Kopf gestreift werden müssen.

Vielleicht schreit es auch, nachdem Sie es versorgt und liebkost haben. Es ist dann nicht nötig, daß Sie es aufnehmen, um es zu beruhigen. Es lernt bald, daß es bessere Mittel gibt, um die Aufmerksamkeit der Eltern auf sich zu lenken – lallen, babbeln, lächeln und ähnliches. Die meisten Ärzte und Psychologen sind der Meinung, daß das Schreien dem Baby nicht schadet. Je weniger Sie auf sein Schreien reagieren, desto weniger tut es das. Auch ist es um so friedlicher und vergnügter, je freundlicher Sie zu ihm sind.

Die Programme in diesem Kapitel sind für die Kinder im 2. und 3. Lebensmonat bestimmt bzw. bis zu dem Zeitpunkt, wenn sie in der Lage sind, den Programmen im nächsten Kapitel zu folgen. Generell können Sie bei der Arbeit mit den Programmen dieses Kapitels auch das vorhergehende und nachfolgende Kapitel hinzuziehen. Stören Sie Ihr Kind jedoch nicht im Schlaf, um mit ihm zu spielen oder zu lernen. Es braucht noch viel Ruhe. Einige Übungen wiederholen sich in mehreren Tagesprogrammen. Sie können auch für mehrere Kategorien Gültigkeit haben; so regt z. B. das Spiel mit einer Rassel sowohl das Sehen wie das Hören an.

Anregungen für das Fühlen

1. Setzen Sie das Massieren und Umlegen des Babys fort, wie es im vorhergehenden Kapitel beschrieben ist.

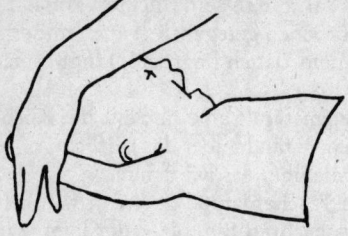

2. Wenn es auf dem Rücken liegt, führen Sie seine Arme über seinen Kopf und wieder zurück in Ausgangslage.

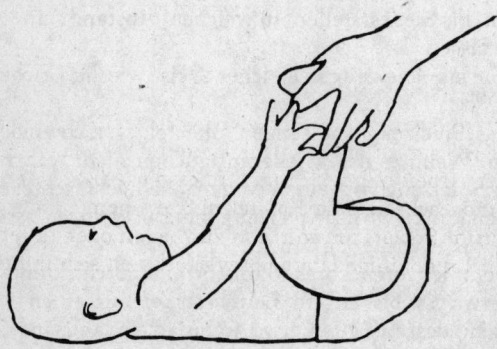

3. Wenn es auf dem Rücken liegt, krümmen und strecken Sie seine Beine.

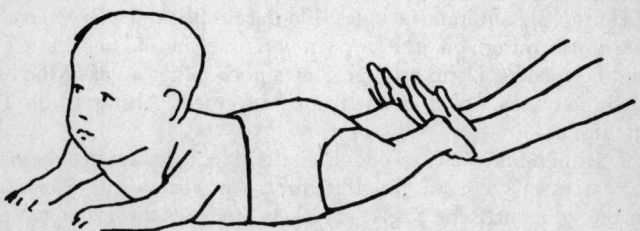

4. Wenn es auf dem Bauch liegt, stoßen Sie sanft gegen seine Fußsohlen.

Anregungen für das Sehen

1. Wenn es auf dem Bauch liegt, sieht es jetzt schon mehr, da es länger seinen Kopf heben und wach bleiben kann. Legen Sie es öfter auf den Bauch; sorgen Sie jedoch dafür, daß sein Blickfeld frei ist.

2. Beziehen Sie sein Körbchen gelegentlich auch mit einem gemusterten Laken; wenn es auf dem Bauch liegt, empfängt es dadurch visuelle Anregungen.

3. Hängen Sie helle Gegenstände an eine Seite des Körbchens.

4. Hängen Sie helle Gegenstände über das Körbchen.

5. Hängen Sie ein Mobile über das Körbchen.

6. Schwenken Sie eine Taschenlampe in einem Winkel von 180 Grad vor ihm hin und her. Beobachten Sie, ob es der Lampe mit den Augen folgt. Sie müssen ausprobieren, welches der richtige Abstand ist. Anfangs folgt es dem Licht nur mit ruckartigen Bewegungen. (Versuchen Sie, einen Gegenstand im Abstand von etwa 30 bis 90 cm vor seinen Augen zu bewegen, bis Sie feststellen, in welchem Abstand seine Augen den Gegenstand erfassen.)

7. Verwenden Sie ein Spielzeug in gleicher Weise wie die Taschenlampe.

8. Lassen Sie das Spielzeug aus seinem Blickfeld verschwinden und wieder auftauchen. Wenn es das Wiederauftauchen nicht wahrnimmt, schwenken Sie das Spielzeug vor seinen Augen. Vielleicht richtet es auch seine Augen auf den Punkt, wo das Spielzeug sein Blickfeld verlassen hat, und zwar so lange, bis es wieder auftaucht.

9. Kleben Sie ein leuchtendrotes, kreisförmig geschnittenes Blatt Buntpapier von etwa 15 bis 20 cm Durchmesser auf einen weißen, quadratischen Bogen, dessen Seiten etwa 30 bis 40 cm lang sind. Zeigen Sie ihm diesen Bogen in Abständen von 30 bis 90 cm. Schwenken Sie das Papier hin und her und auf und ab. Dann gehen Sie mit dem Bogen in einem Winkel von 180 Grad um das Kind herum.

10. Halten Sie ein mehrfarbiges Bild in sein Blickfeld. Bewegen Sie es in einer Entfernung von 30 bis 90 cm von ihm hin und her, bis das Kind das Bild betrachtet. Dann bringen Sie es noch näher an das Kind heran; vielleicht kann es das Bild auch noch in einem Abstand von 15 cm wahrnehmen.

11. Zeichnen Sie mit Tinte oder Bleistift diagonale Linien auf ein Stück Pappe, das etwa 5 cm im Quadrat mißt. Auf ein zweites Pappquadrat malen Sie konzentrische Kreise. Stecken Sie jedes dieser Pappquadrate auf ein Stöckchen und zeigen Sie diese Konstruktion dem Baby nacheinander in verschiedenen Abständen, bis es sie wahrnimmt.

12. Zeigen Sie ihm seine Hände und machen einige Bewegungen mit ihnen. Führen Sie sie zusammen und wieder auseinander.

13. Legen Sie ihm eine leichte Rassel in eine Hand, später in die andere. Vielleicht kann es dieses Spielzeug schon erkennen. Wenn das Kind ein wenig älter ist und Sie mehr betrachtet als einen Gegenstand, gehen Sie etwas beiseite, so daß es den Gegenstand sehen kann, ohne durch Sie abgelenkt zu werden.

Anregungen für das Hören

1. Binden Sie ein kleines Glöckchen an jedes Bein seines Strampelanzugs. Jedesmal wenn es seine Beine bewegt, hört es diese Glöckchen.

2. Legen Sie eine leichte Rassel in seine Hand. Wenn es seine Hand bewegt, zuerst unwillkürlich, später bewußt, wird die Rassel ein Geräusch machen.

3. Lassen Sie kurze Zeit das Radio, Tonband oder Plattenspieler oder das Fernsehen spielen.

4. Sprechen und singen Sie etwas, während Sie mit ihm schmusen.

5. Lassen Sie es kurz das Ticken einer Uhr hören.

6. Sprechen Sie mit ihm von verschiedenen Standpunkten im Zimmer aus. Stellen Sie fest, ob es Sie hört und sieht. Wenn es beides tut, heißt das, daß sich der Beginn des Zusammenwirkens von Hör- und Sehfähigkeit abzeichnet.

7. Läuten Sie eine kleine Glocke von verschiedenen Punkten im Zimmer aus.

Allgemeine Anregungen

1. Irgendwann reagiert es jetzt auf Ihr Lächeln und Sprechen und beginnt auch, selbst zu lächeln. Setzen Sie auch die Vorschläge für allgemeine Anregungen aus dem vorhergehenden Kapitel fort.

2. Legen Sie es täglich kurz in ein Laufställchen, damit es schon langsam damit vertraut wird.

3. Wenn Sie essen, placieren Sie es in die Nähe des Tisches.
4. Nehmen Sie es mit in die Küche, wenn Sie darin arbeiten.
5. Fahren Sie es draußen spazieren.
6. Nehmen Sie es im Auto mit.
7. Nehmen Sie es mit, wenn Sie Bekannte besuchen.

Die Übungen in diesem Kapitel sollen fortgesetzt werden, bis das Baby seinen Kopf selbst drehen kann, wenn es auf dem Rücken liegt; seinen Kopf gerade halten kann, wenn Sie es hinsetzen; seine auf dem Bauch gefalteten Hände betrachtet und versucht nach Gegenständen zu greifen.

2. und 3. Monat

(Die folgenden Übungen sind größtenteils *ausführlich* auf den vorhergehenden Seiten beschrieben.)

Tagesprogramm I

Anregungen für das Fühlen
Massieren Sie es und verändern seine Lage.

Anregungen für das Sehen
Sorgen Sie dafür, daß sein Blickfeld frei bleibt.
Zeigen Sie ihm seine Hände.

Anregungen für das Hören
Binden Sie ein Glöckchen an das Bein seines Strampelanzugs.

Allgemeine Anregungen
Legen Sie es in ein Laufställchen.

Tagesprogramm II

Anregungen für das Fühlen
Führen Sie seine Arme über seinen Kopf.

Anregungen für das Sehen
Beziehen Sie sein Körbchen mit einem gemusterten Laken.

Anregungen für das Hören
Geben Sie ihm eine Rassel in die Hand.

Allgemeine Anregungen
Nehmen Sie es auf einer Autofahrt mit.

Tagesprogramm III

Anregungen für das Fühlen
Massieren Sie es.
Beugen und strecken Sie seine Beine.

Anregungen für das Sehen
Legen Sie helle Gegenstände auf eine Seite des Körbchens.

Anregungen für das Hören
Lassen Sie das Radio, eine Schallplatte oder ein Tonband spielen.

Allgemeine Anregungen
Placieren Sie es bei den Mahlzeiten in die Nähe des Eßtisches.

Tagesprogramm IV

Anregungen für das Fühlen
Drücken Sie leicht gegen seine Füße.

Anregungen für das Sehen
Hängen Sie glänzende Gegenstände über sein Körbchen.

Anregungen für das Hören
Lassen Sie das Radio, eine Schallplatte oder ein Tonband spielen.

Allgemeine Anregungen
Legen Sie es in ein Laufställchen.

Tagesprogramm V

Anregungen für das Fühlen
Beugen und strecken Sie seine Beine.

Anregungen für das Sehen
Hängen Sie ein Mobile über sein Körbchen.

Anregungen für das Hören
Lassen Sie es das Ticken einer Uhr hören.

Allgemeine Anregungen
Fahren Sie es spazieren.

Tagesprogramm VI

Anregungen für das Fühlen
Drücken Sie leicht gegen seine Füße.

Anregungen für das Sehen
Lassen Sie ein Spielzeug aus seinem Blickfeld verschwinden und wieder auftauchen.

Anregungen für das Hören
Binden Sie ein Glöckchen an das Bein seines Strampelanzugs.

Allgemeine Anregungen
Besuchen Sie mit Ihrem Baby Bekannte.

4. und 5. Monat

Nun kann das Baby schon seinen Kopf ganz ruhig halten, wenn es, umgeben von stützenden Kissen, festgebunden auf einem Stuhl oder auf dem Schoß eines Erwachsenen sitzt. Jetzt entdeckt es einen neuen Weg zur Erkundung seiner Umwelt: Alles, was in seine Reichweite gerät, berührt es und steckt es in den Mund. Es entdeckt seine Hände, die es nicht mehr nur geschlossen hält. Es verbringt viel Zeit damit, seine Finger und Hände zu betrachten und in den Mund zu stecken. Dadurch entdeckt es, daß Spielsachen und Finger verschiedene Dinge sind. Es kann sich nun mit seinem ganzen Körper einem Spielzeug zuwenden, um es zu ergreifen, aber seine Hände greifen noch unsicher, und es läßt das Spielzeug womöglich sofort wieder fallen. Es schreit nicht mehr sofort beim Aufwachen nach seiner Mahlzeit, sondern babbelt oft mit sich selbst. Im allgemeinen schläft es auch nicht mehr ein, wenn es gefüttert wird. Beim Spiel setzt es seine wachsenden sensomotorischen Fähigkeiten ein – sehen und bewegen, hören und bewegen, fühlen und bewegen usw. –, und es spielt ganz zufrieden für eine Weile mit sich selbst. Ebenso wichtig wie das Sich-Beschäftigen mit ihm ist die Zeit, in der es mit sich selbst spielt, und in der es seinen Körper entdeckt und seine sensomotorischen Fertigkeiten übt. Das heißt: Hängen Sie Spielsachen über sein Körbchen, und legen Sie sie in seine Reichweite, wenn es auf dem Fußboden oder in seinem Laufställchen spielt, und überlassen es sich selbst.

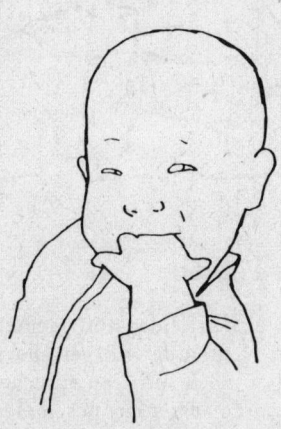

Planmäßiges Spielen

In diesem Alter sollten Sie mit dem regelmäßigen, geplanten Spielunterricht beginnen. Suchen Sie einen besonderen Platz in Ihrer Wohnung für diesen Unterricht aus. Sie können Ihr Baby nun, durch Kissen gestützt, auf dem Fußboden sitzen lassen oder es in einen Babystuhl setzen. Zehn bis fünfzehn Minuten Unterricht machen ihm sicher Freude und werden ihm interessant erscheinen, ohne daß es ermüdet. Es weint vielleicht, wenn Sie es alleine lassen oder ins Bett legen; lassen Sie sich jedoch durch seine Tränen nicht tyrannisieren. Wenn Sie die geplante Zeit für den Spielunterricht einhalten und dann Ihrer eigenen Beschäftigung nachgehen, sieht es ein, daß Sie nicht nach seiner Pfeife tanzen, wenn es schreit, und daß es besser ist, mit dem Schreien aufzuhören und etwas zu tun, das mehr Spaß macht, z. B. ganz alleine mit etwas zu spielen. Nach und nach lernt es auch, längere Zeit alleine zu spielen; auf diese Weise wird es weniger abhängig von Ihnen, und es übernimmt damit mehr und mehr die Verantwortung für sein eigenes Wohlbefinden.

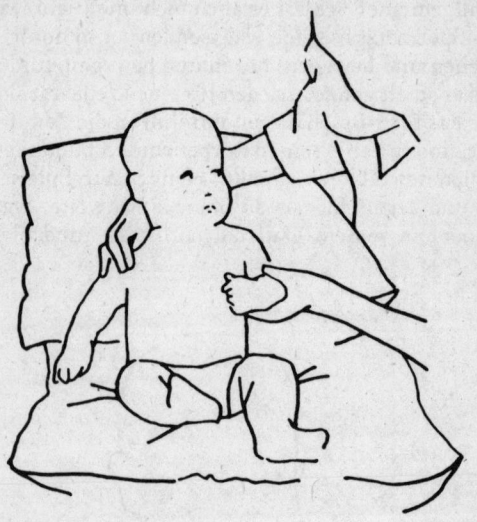

Anregungen für das Fühlen

1. Fahren Sie mit einem weichen Seidenstoff oder einer Feder über seinen Körper. Nennen Sie den Namen der Körperteile, die Sie berühren. Es kann die Namen natürlich noch nicht aussprechen, aber es lernt den Klang der Worte kennen, und später lernt es, daß jeder dieser Laute mit

einem bestimmten Körperteil in Verbindung zu setzen ist.

2. Reiben Sie mit einem samtartigen Stoff über verschiedene Körperteile, so daß es den Unterschied zwischen den Geweben spürt.

3. Geben Sie ihm einen weichen Plastikball, den es ergreifen und fallen lassen kann.

4. Geben Sie ihm einen sauberen Löffel, den es in der Hand halten und in den Mund stecken kann.

5. Geben Sie ihm eine kleine weiche Stoffpuppe, die es ergreifen, loslassen und betasten kann.

6. Lassen Sie es Dinge aus verschiedenen Materialien berühren: glattes Plastikmaterial, ein rauhes Handtuch, Klebestreifen, eine Feder, einen Schwamm, einen Topfkratzer, Aluminiumfolie, Wachstuch, Seidenpapier.

7. Geben Sie ihm einen großen Plastikring.

8. Geben Sie ihm Greiflinge aus Holz.

Anregungen für das Sehen

1. Wenn es auf dem Rücken liegt, legen Sie ein Spielzeug (Rassel, kleines Plastikspielzeug) in die Nähe seiner Hand, wenn es auf diese blickt. Beobachten Sie, ob es das Spielzeug ansieht, dann seine Hand und schließlich das Spielzeug ergreift und an den Mund führt.

2. Wenn Ihr Kind auf dem Rücken liegt, geben Sie ihm ein Spielzeug in die Hand, wenn es nicht dorthin schaut. Bemerkt es das Spielzeug und steckt es das in den Mund?

3. Das Kind liegt auf dem Rücken. Zeigen Sie ihm ein Spielzeug und beobachten, ob es danach greift. Es hebt vielleicht erst eine Hand hoch, damit es diese sehen kann, und greift dann nach dem Spielzeug.

4. Hängen Sie ein Spielzeug über sein Körbchen, so daß es danach greifen und ohne fremde Hilfe damit spielen kann.

5. Hängen Sie eine Rassel über sein Körbchen. Befestigen Sie ein Band und ziehen daran, damit die Rassel ein Geräusch hervorruft. Geben Sie ihm dann das Band in die Hand. Beobachten Sie, ob es daran zieht, um das Geräusch noch einmal zu hören.

6. Machen Sie dasselbe mit einem Glöckchen.

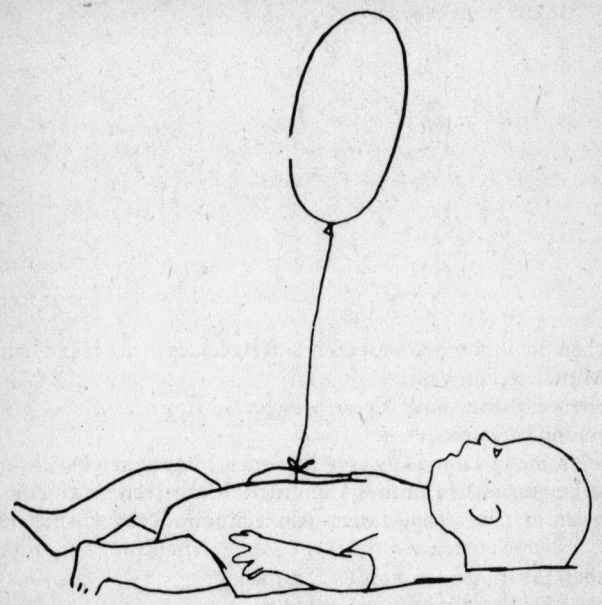

7. Binden Sie einen Luftballon mit einem Band an sein Handgelenk, so daß es ihn beobachten kann.

8. Zeigen Sie ihm eine Rassel, wenn es auf dem Rücken liegt. Nähern Sie die Rassel seiner Hand, so daß es diese ergreifen kann. Sie können sagen: «Nimm die Rassel», während Sie sie auf Ihr Kind zu bewegen. Es versteht die Worte nicht, aber es bringt die Laute bald mit dem Gegenstand in Verbindung.

9. Drehen Sie eine Rassel oder ein anderes Geräusch erzeugendes Spielzeug vor seinen Augen hin und her, wenn es auf dem Bauch liegt. Bewegen Sie das Spielzeug langsam nach oben und beobachten, ob es Kopf und Schultern hebt, um dem Spielzeug zu folgen. Sie können sagen: «Schau, die Rassel!»

10. Es versucht natürlich, mit seinen Füßen zu spielen, wenn es auf dem Rücken liegt. Sie können ihm am Anfang dabei helfen, indem Sie seine Füße etwas anheben, damit es sie anschauen und danach greifen kann.

11. Lassen Sie es in seinem Laufställchen mit einem Stehaufmännchen spielen.

12. Lassen Sie es beim Trinken selbst die Flasche halten.

Anregungen für das Hören

1. Zerknüllen Sie Papier, damit es das dabei entstehende Geräusch kennenlernt.

2. Rascheln Sie einmal mit trockenem Laub, wenn es Herbst ist.

3. Befestigen Sie Glöckchen an seinen Stiefelchen, damit es auf seine Füße aufmerksam wird und danach greift.

4. Lassen Sie es für kurze Zeit dem Radio, einer Schallplatte oder einem Tonband zuhören.

5. Auch der Klang von japanischen Windglocken (kleine Rechtecke aus Glas, die einen sanften Klang erzeugen, wenn ein Luftzug darauf trifft) gefällt ihm bestimmt. Hängen Sie diese in die Nähe des Fensters oder der Tür, wo meistens ein leichter Luftzug herrscht.

6. Läuten Sie aus verschiedenen Ecken des Zimmers mit einem Glöckchen, wenn es Sie nicht beobachtet. Es wird sich umdrehen, um herauszufinden, woher das Geräusch kommt.

7. Wenn Sie mit ihm auf dem Fußboden spielen, oder wenn es im Bett liegt, stellen Sie sich rechts hinter Ihr Kind und schütteln eine Rassel. Warten Sie ab, bis es nach der Rassel schaut. Wiederholen Sie diese Übung, indem Sie sich einmal direkt hinter Ihr Kind und einmal links dahinter stellen.

8. Nehmen Sie Ihr Kind auf den Arm, gehen mit ihm im Zimmer auf und ab und singen dabei Wiegenlieder oder sprechen einen Kinderreim. Es hat Freude an der Bewegung und dem Rhythmus der Worte, auch wenn es diese nicht verstehen kann.

Allgemeine Anregungen

1. Lassen Sie es mehrmals täglich für eine Weile alleine im Laufställchen spielen. Es muß lernen, seine eigene kleine Umwelt selbständig zu erforschen, und man muß ihm Zeit dazu lassen. Lassen Sie es mit einigen der Spielsachen spielen, die in diesem und den vorhergehenden Kapiteln angesprochen wurden.

2. Lassen Sie es eine Weile in verschiedenen Zimmern auf dem Fußboden spielen.

3. Wenn Sie können, kaufen Sie ihm ein Kriechbett (eine flache Plastikform auf Laufrollen, worauf Sie das Kind bäuchlings legen). Damit kann es schon kriechen, auch wenn seine Muskeln noch nicht kräftig genug sind.

4. Wenn es auf dem Rücken liegt, ergreifen Sie seine Hände und ziehen es sanft zum Sitzen hoch.

5. Singen Sie ein Lied, halten es fest und lassen es hüpfen, so daß seine Füße gerade den Boden oder das Bett berühren. Dieses Tanzen macht ihm viel Freude.

6. Vor dem Einschlafen spielt es gewöhnlich eine Weile mit seinen Händen, Füßen oder mit dem Bettzeug. Jetzt könnten Sie eine Turnstange quer über sein Bett hängen.

7. Es soll Freude am Baden haben. Es macht ihm Spaß, in der Badewanne zu strampeln und zu planschen. Stützen Sie seinen Kopf mit einem kleinen Schwammkissen oder einem Polster aus zusammengefalteten Windeln.

8. Fahren Sie mit ihm spazieren, oder besuchen Sie Freunde. Jetzt fallen ihm viel mehr Dinge auf als früher.

9. Lassen Sie es in seinem Laufställchen, seinem Körbchen oder seinem Stühlchen spielen, wenn größere Kinder in der Nähe sind. Es macht ihm Freude, sie spielen zu sehen, und auch die «Großen» haben Spaß

daran, das Baby zu beobachten. Vielleicht weint es, wenn sie wieder weggehen, aber kümmern Sie sich nicht darum. Wenn Sie sein Weinen nicht beachten, geht es ganz allein zu seinem eigenen Spiel über.

Anregungen für das Nachahmen – die Anfänge des Sprechens

Wir glauben im allgemeinen, daß ein Kind im Alter von etwa einem Jahr zu sprechen beginnt. In Wirklichkeit lernt es jedoch vom Augenblick seiner Geburt an, wie man spricht. In den ersten Wochen scheint sein Schreien immer gleich zu klingen, höchstens die Lautstärke ist verschieden. Sehr bald jedoch erkennt die Mutter am Klang seines Schreiens, was ihm fehlt: ob es hungrig ist oder sich unbehaglich fühlt, weil seine Windeln gewechselt werden müssen. Es lernt, vom lauten Schreien zum schwachen Wimmern überzugehen. Wenn es saugt, schluckt, rülpst und gluckst, macht es Vorübungen zum Sprechen. Und was am wichtigsten ist – es lernt, daß ihm das Schreien zu dem verhilft, was es haben möchte – es lernt, sich mitzuteilen. Viele Babies lernen nur allzu gut, nach dem zu schreien, was sie haben wollen, und sie tun das auch noch, wenn sie älter werden. Eine kluge Mutter zeigt ihrem Baby durch ihr Verhalten, daß sie sich von seinem Schreien nicht beeindrucken läßt, und lehrt es, sich auf andere Weise mitzuteilen.

Wenn das Baby sich nach seiner Mahlzeit satt und wohl fühlt, fängt es an zu lallen; wenn es älter ist, babbelt es; es spielt das Sprechen. Anfangs erzählt es Ihnen etwas und versteht Sie durch Ihre Gesten. Wenn Sie ihm z. B. sagen: «Iß noch etwas mehr», versteht es eher Ihre Gesten als Ihre Worte.

In seinem ersten Lebensjahr ahmt das Kind fast alles nach. Das Baby ahmt die Eltern nach, die Eltern wiederum das Baby. Das sind die Anfänge des Sprechens. Wenn die Mutter lächelt, lächelt es zurück. Wenn es lallt, ahmt die Mutter den Klang nach. Wenn die Mutter Koseworte sagt, lallt es zurück. Es kann noch nicht denselben Ton lallen; es ist jedoch der Beginn des Sprechenlernens. Die folgenden Übungen sollen Ihr Kind dazu anregen, Ihre Bewegungen und Laute nachzuahmen; sie sollten nur dann angewandt werden, wenn das Kind zufrieden ist, ein wenig plappert und ihnen wirklich Aufmerksamkeit entgegenbringt. Bei diesen Übungen kann es entweder auf dem Rücken liegen oder festgebunden auf seinem Stühlchen sitzen.

1. Bewegen Sie Ihre Finger vor seinem Gesicht hin und her, so daß es ihnen mit den Augen folgt.

2. Drehen Sie Ihren Kopf von rechts nach links, während Sie Ihre Finger vor Ihr Gesicht halten. Wenn es Sie anschaut, nehmen Sie Ihre

Hand herunter. Dreht es nun auch seinen Kopf hin und her? Lassen Sie ihm Zeit, Sie nachzuahmen; es braucht wahrscheinlich länger, als Sie meinen.

3. Wenn es die Bewegungen Ihres Kopfes nachahmen kann, halten Sie in der Bewegung inne und lächeln plötzlich. Lächelt es zurück? Lassen Sie ihm reichlich Zeit. Kitzeln Sie es nicht und sprechen nicht mit ihm, damit es lacht. Sie wollen ja, daß es Ihr Lächeln nachahmt. Wenn es lächelt, hören Sie auf zu lächeln, schauen es fünf Sekunden lang freundlich an und lächeln dann wieder. Machen Sie das ein paarmal. Versuchen Sie nicht, es zum Lächeln zu zwingen; es macht dabei bestimmt nicht mit. Wenn Sie Spaß an diesem Spiel haben, gefällt es Ihrem Kind auch.

4. Lächeln Sie und sagen einen Laut, den Sie von Ihrem Baby gehört haben, z. B. ein g, ein r, ah, uh oder eh. Sagen Sie diese Laute nicht zu schnell hintereinander. Warten Sie, bis es Sie nachahmt. Lassen Sie ihm Zeit; schauen Sie es freundlich an und warten mindestens fünf Sekunden, bis Sie einen Laut wiederholen. Manchmal macht es den Laut gerne nach, ein andermal kümmert es sich vielleicht gar nicht darum. Wenn es nach mehreren Versuchen Ihre Laute nicht nachahmt, hören Sie auf damit und versuchen es ein andermal wieder. Es kann sein, daß es Sie nach einigen Monaten nicht mehr nachahmen will. Es lernt dann weiterhin durch Ihr Sprechen mit ihm, auch wenn es Sie nicht nachahmt. Sie können ihm in dieser Zeit am besten helfen, wenn Sie sehr wenige, einfache Worte aussprechen. Verwenden Sie für die einzelnen Übungen immer die gleichen Worte, um es nicht zu verwirren. Wenn Sie es z. B. in die Badewanne setzen, sagen Sie: «Baden». Wenn Sie es füttern, sagen Sie: «Essen» oder: «Iß jetzt». Es wiederholt Sie nicht, aber es lernt in jedem Falle. Zu dieser Zeit ahmt es Bewegungen wie «Winke-winke» nach. Es lallt vielleicht, wenn es alleine ist; wenn Sie jedoch bei ihm sind, gibt es vielleicht keinen Ton mehr von sich.

4. und 5. Monat

Damit jedem Baby die seinem Geschmack und Entwicklungsstand entsprechenden Übungen vermittelt werden, habe ich auf den folgenden Seiten mehr Übungen vorgeschlagen, als die Eltern vielleicht anwenden wollen oder können. Suchen Sie aus jeder Kategorie (Fühlen, Sehen, Hören usw.) mindestens eine Übung für Ihren täglichen Stundenplan aus. Wiederholen Sie die Aufgaben, die Ihrem Kind Freude machen und die es Ihrer Meinung nach noch üben muß. Verwenden Sie einige, wenn es für sich allein spielt, und einige im Rahmen des Unterrichtsplans. Nehmen Sie auch neue Übungen hinzu. Wenn Ihnen eine Übung zu schwierig erscheint, hören Sie damit auf und versuchen es später noch einmal.

(Die folgenden Übungen sind größtenteils *ausführlich* auf den vorhergehenden Seiten beschrieben.)

Tagesprogramm I

Anregungen für das Fühlen
Fahren Sie über einzelne Körperteile mit einer Feder oder mit einem Seidenstoff.

Anregungen für das Sehen
Legen Sie ein Spielzeug in die Nähe seiner Hand, wenn es auf diese schaut.
Lassen Sie es beim Trinken die Flasche halten.

Anregungen für das Hören
Zerknüllen Sie Papier, so daß es das Geräusch hört.

Allgemeine Anregungen
Lassen Sie es im Laufställchen spielen.
Lassen Sie es auf dem Fußboden spielen.

Tagesprogramm II

Anregungen für das Fühlen
Fahren Sie über verschiedene Körperteile mit einer Feder oder mit einem Seidenstoff.
Lassen Sie es einen Stoffball ergreifen.

Anregungen für das Sehen
Legen Sie ein Spielzeug in die Nähe seiner Hand, wenn es auf diese sieht.

71

Legen Sie ein Spielzeug in die Nähe seiner Hand, wenn es *nicht* auf diese sieht.

Anregungen für das Hören
Rascheln Sie mit Blättern.
Befestigen Sie Glöckchen an seinen Stiefelchen.

Allgemeine Anregungen
Lassen Sie es im Laufställchen spielen.
Ziehen Sie es sanft in Sitzposition hoch.

Tagesprogramm III

Anregungen für das Fühlen
Fahren Sie über verschiedene Körperteile mit einem samtartigen Stoff.

Anregungen für das Sehen
Geben Sie ihm ein Band in die Hand, das an einer Rassel befestigt ist.

Anregungen für das Hören
Lassen Sie es dem Radio, einer Schallplatte oder einem Tonband zuhören.

Allgemeine Anregungen
Legen Sie es auf ein Krabbelbrett.

Anregungen für das Nachahmen
Bewegen Sie Ihre Finger vor seinem Gesicht.
Drehen Sie Ihren Kopf nach rechts und links, während Sie Ihre Finger vor Ihr Gesicht halten.

Tagesprogramm IV

Anregungen für das Fühlen
Lassen Sie es einen Stoffball ergreifen.
Lassen Sie es einen Löffel in den Mund stecken.

Anregungen für das Sehen
Befestigen Sie einen Ballon an seinem Handgelenk.
Geben Sie ihm ein Spielzeug in die Hand, wenn es nicht hinschaut.

Anregungen für das Hören
Schütteln Sie eine Rassel rechts und links hinter seinem Rücken.

Allgemeine Anregungen
Lassen Sie es in der Badewanne spielen.

Anregungen für das Nachahmen
Lächeln Sie Ihr Kind an. Lächelt es zurück?

Tagesprogramm V

Anregungen für das Fühlen
Lassen Sie es verschiedene Materialien anfassen.

Anregungen für das Sehen
Helfen Sie ihm, mit seinen Füßen zu spielen.

Anregungen für das Hören
Singen Sie ihm Wiegenlieder vor, während Sie es im Arm halten und im Zimmer hin und her gehen.
Läuten Sie mit einem Glöckchen.

Allgemeine Anregungen
Lassen Sie es sanft hüpfen.

Anregungen für das Nachahmen
Bewegen Sie Ihre Finger vor seinem Gesicht hin und her.
Drehen Sie Ihren Kopf nach rechts und links, während Sie Ihre Finger vor Ihr Gesicht halten.

Anregungen für das Fühlen
Lassen Sie es einen Plastikring anfassen.

Anregungen für das Sehen
Geben Sie ihm ein Stehaufmännchen.

Anregungen für das Hören
Lassen Sie es dem Klang japanischer Windglocken lauschen.

Allgemeine Anregungen
Lassen Sie es in der Nähe älterer Kinder spielen.

Anregungen für das Nachahmen
Sagen Sie einen Laut, den es aussprechen kann. Ahmt es den Laut nach?

3. Vom Sitzen zum Umhertapsen

6. bis 8. Monat

Die in diesem Kapitel aufgeführten Übungen sind für die Zeit bestimmt, in der das Baby seine ersten Sitzversuche unternimmt bis zum sicheren Sitzenkönnen. Anfangs nimmt es dabei noch seine Hände zu Hilfe, um das Gleichgewicht zu halten.

Bisher versuchte es, die Dinge mit seinen Augen zu erreichen. Nun ist

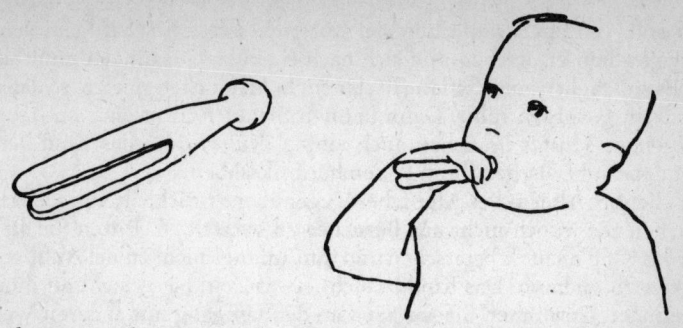

es «begierig», die Dinge zu berühren. Es bemüht sich, alles, was es sieht, festzuhalten und mit seinem Mund und seiner Zunge zu untersuchen. Es untersucht ein Spielzeug sehr gründlich durch Betrachten, Betasten, In-den-Mund-Stecken und Beklopfen – für diese Spiele eignen sich eine Wäscheklammer, eine Rassel oder ein Quietschtier. Auf diese Weise lernt es Größe, Form, Gewicht, Material und Geschmack der Dinge kennen.

So wächst auch seine Fähigkeit zur räumlichen Vorstellung – es erkennt, wie weit ein Spielzeug von ihm und von anderen Spielsachen entfernt ist. Fällt ihm ein Spielzeug herunter, beugt es sich vor und versucht, es zu erreichen. Es greift vielleicht zu weit nach vorn, erkennt seinen Irrtum und greift etwas zurück. So lernt es Entfernungen abschätzen.

Seine Hände sind jetzt nicht mehr nur geschlossen. Es beginnt, seinen Daumen zu benutzen, aber sein Griff ist noch ziemlich unsicher. Es sieht sich einen kleinen Gegenstand ganz genau an, aber es kann ihn noch nicht ohne weiteres aufheben. Größere Gegenstände (z. B. einen Baustein von 2,5 cm Durchmesser) kann es leichter aufheben. Es kann jetzt gleichzeitig in jeder Hand ein Spielzeug halten.

Nun fängt es auch an zu lallen (Laute wie – ma, mu, da, e, b). Es ist recht gesellig und gern mit anderen Familienmitgliedern zusammen. Am Ende dieser Entwicklungsphase kann es einfache Dinge spielen wie beispielsweise «Backe-backe-Kuchen» oder «Winke-winke». Obwohl es gern Menschen um sich hat, spielt es auch gern allein.

Der programmierte Spielunterricht sollte auf eine halbe Stunde pro Übung ausgedehnt werden. Wenn es Ihnen Spaß macht, können Sie Ihr Kind täglich zweimal unterrichten, vorausgesetzt, Sie stören es nicht beim Schlaf oder dann, wenn es alleine spielen möchte. Wiederholen Sie auch Übungen aus den vorhergehenden Kapiteln, die noch immer anregend für ihr Kind sind und ihm Freude bereiten. Halten Sie den Unterricht jeden Tag zur gleichen Zeit ab. So bekommt es einen ersten Eindruck von Zeit und Ordnung.

Es soll sich auch weiterhin viel mit sich selbst beschäftigen, seine Umwelt allein erforschen und sich nach eigenem Gutdünken unterhalten. Es soll täglich eine Zeitlang in seinem Laufställchen spielen, so daß es sich darin geborgen fühlt. Dann können Sie auch Ihrer eigenen Arbeit nachgehen. Mütter brauchen auch einmal Ruhe; d h., das Kind kann nicht dauernd zwischen ihren Füßen herumkrabbeln.

In diesem Alter ist es Menschen gegenüber zurückhaltend. Deshalb brauchen Sie jedoch nicht auf Besucher zu verzichten. Bitten Sie diese nur, das Kind nicht zu betatschen und ihm anfangs nicht zuviel Aufmerksamkeit zu widmen. Das Kind braucht etwas Zeit, bis es sich mit ihnen anfreundet. Gewöhnen Sie Ihr Kind an den Umgang mit anderen Menschen; schließen Sie aus seiner Scheu nicht, daß es nur Ihre Gesellschaft wünscht und daß ihm Fremde mißfallen. Es muß lernen, mit anderen Menschen auszukommen und sie als seine Freunde zu betrachten.

Entscheiden Sie auch hier wieder selbst, welche Übungen ihm Freude bereiten und anregend sein könnten. Wenn es leicht aufgibt, spornen Sie es immer wieder an. So lernt es, daß es die Aufgaben gut lösen kann, wenn es sie nur immer wieder übt. Sie können ihm auch helfen, ohne die Aufgabe jedoch selbst zu lösen oder das Kind dazu zu zwingen. Zwang kann einen Machtkampf zwischen Ihnen beiden hervorrufen, und das würde weder dem Unterricht noch Ihrem Verhältnis zueinander zugute kommen. Sie können die Übungen während des Spielunterrichts so oft wechseln, wie Sie es für nötig halten. Wenn Sie es jedoch dazu anhalten, so lange wie möglich mit einem Gegenstand zu spielen, steigt seine Konzentrationsfähigkeit. Da es noch sehr klein ist und leicht überreizt wird, sollten Sie es niemals ungeduldig drängen.

Anregungen für das Sehen

1. Lassen Sie es mit gewöhnlichen Haushaltsgegenständen spielen: mit Töpfen, Pfannen, Löffeln, Tassen, Haarbürsten, Zeitschriften, Karten, Flaschendeckeln, Kleidern und anderen Dingen. Es macht ihm sicher Freude, diese Dinge zu erforschen und einiges über sie zu lernen. Sagen Sie ihm, wie die Gegenstände heißen, auch wenn es noch nicht sprechen kann.

2. Bringen Sie eine Vorrichtung über seinem Körbchen an, die reagiert, wenn es daran zieht oder danach greift (Glöckchen oder ein Klangspiel aus Holz). Es lernt die Beziehung zwischen Ursache und Wirkung kennen und das Lösen einer Aufgabe.

3. Geben Sie ihm Schwimmspielzeug in die Badewanne. Es sieht so, daß manche Dinge im Wasser schwimmen können.

4. Geben Sie ihm eine saubere Wäscheklammer zum Spielen. Es steckt diese gerne in den Mund und klopft damit auf den Tisch.

5. Stellen Sie Spielsachen an verschiedenen Plätzen in verschiedenen Abständen von ihm auf und lassen Sie Ihr Kind versuchen, diese zu erreichen. Geben Sie ihm die Spielsachen nicht immer in die Hand. Sagen Sie: «Hol dir den Baustein» (oder was es sonst sein mag).

6. Geben Sie ihm einen Spiegel, so daß es sein Spiegelbild sehen kann. Es sieht dabei auch das Spiegelbild anderer Gegenstände. Zeigen Sie ihm seine Augen, Nase, seinen Mund usw. und bezeichnen Sie sie. Zeigen Sie ihm auch Ihre Augen, Nase, Ihren Mund.

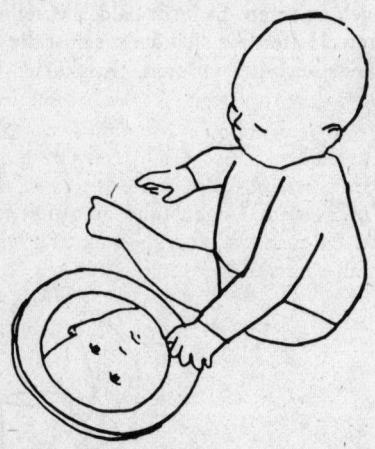

7. Helfen Sie ihm, das Zusammenwirken von Augen und Hand zu üben, indem Sie ihm zeigen, wie man ein Spielzeug oder einen Löffel von einer Hand in die andere nimmt. Legen Sie seine linke Hand auf das Spielzeug, während es dieses in seiner rechten Hand hält. Nimmt es das Spielzeug in die andere Hand? Machen Sie die Übung noch einmal, diesmal legen Sie das Spielzeug in die linke Hand. Zeigen Sie ihm, wie es gemacht wird.

8. Geben Sie ihm in jede Hand einen kleinen Baustein. Läßt es einen der beiden Bausteine fallen, wenn Sie ihm einen dritten geben? Wenn es ärgerlich wird und schreit, weiß es wahrscheinlich nicht, wie es das machen soll. Zeigen Sie es ihm, indem Sie einen Baustein aus seiner

Hand nehmen und ihm einen anderen geben.

9. Lassen Sie einen kleinen Baustein auf seinen Tisch fallen. Warten Sie ab, ob es versucht, ihn zu ergreifen. Anfangs greift es vielleicht über den Baustein hinweg, weil es die Entfernungen noch nicht richtig einschätzen kann.

10. Erlauben Sie ihm, sich beim Essen selbst ein paar Bissen mit den Fingern in den Mund zu stecken.

11. Es kann seine Stiefelchen und Strümpfchen alleine ausziehen. Das ist eine gute Vorübung für das Anziehenlernen. Wenn es sich Schuhe und Strümpfe auszieht, obwohl es zu kalt dazu ist, machen Sie einen Doppelknoten in die Schuhbändchen. Wenn Sie es später umziehen, binden Sie den Knoten auf; die Schuhe kann es dann selbst ausziehen.

12. Machen Sie ein Versteckspiel mit Spielsachen. Zeigen Sie ihm diese und lassen sie wieder verschwinden.

13. Bedecken Sie seine Augen mit seinen Händen, so daß es lernt, Blinde-Kuh zu spielen. Sagen Sie «Kuckuck», wenn Sie seine Hände wieder von seinen Augen nehmen. Es lernt bald, das selbst zu tun, und hat dann viel Spaß daran. Halten Sie sich dann selbst die Augen zu und sagen, wenn Sie die Hände herunternehmen, «Kuckuck».

 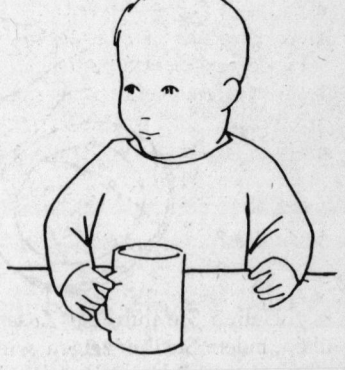

14. Es beginnt jetzt auch, Spielsachen auf die Erde zu werfen, wenn es an seinem Tisch sitzt, und erwartet, daß Sie sie aufheben, damit es sie wieder herunterwerfen kann. Wenn Sie dieses Spiel mitmachen, glaubt es, daß Sie dazu da sind, es zu bedienen. Schimpfen Sie nicht, wenn es Spielsachen herunterwirft; legen Sie diese ruhig beiseite und lassen Sie Ihr Kind für ein paar Minuten ohne Spielzeug sitzen. Es lernt dann, daß es so nicht an seinem Tisch spielen soll. Versuchen Sie es noch einmal. Wenn es das Spielzeug wieder herunterwirft, brechen Sie den Unterricht

ab und versuchen es am nächsten Tag noch einmal. Sie müssen ihm beibringen, ordentlich zu spielen. Es kann Spielsachen herumwerfen, wenn es auf der Erde spielt und sie selbst wiederholen kann.

15. Geben Sie ihm einen Metall-, Plastik- oder Emaillebecher mit einem Henkel. Stellen Sie diesen mit der Unterseite nach oben auf den Tisch und beobachten Sie, ob es den Becher umdreht. Wenn nicht, zeigen Sie es ihm.

16. Füllen Sie ein paar Reiskörner in eine kleine Plastikflasche. Schütteln Sie die Flasche, so daß es die Körner sehen kann. Geben Sie ihm die Flasche zum Spielen. Stellt es die Flasche auf den Kopf, damit die Körner herausfallen können? Wenn nicht, zeigen Sie es ihm. Anfangs sieht es die herausfallenden Körner wahrscheinlich gar nicht, weil es nur auf die größere Flasche achtet. Wenn Sie dieses Spiel ein paarmal spielen, lernt es, auch auf die Körner zu achten, und wird sie vielleicht in die Flasche zurücktun oder sie aufessen.

17. Legen Sie ein erbsengroßes Stück Keks oder ein Reiskorn auf seinen Tisch. Anfangs kann es derart kleine Dinge noch nicht fassen. Sie können ihm dabei helfen, indem Sie mit Ihrer Hand seinen Daumen und Zeigefinger darauf legen.

18. Ziehen Sie ein Band durch einen Ring von 7,5 cm bis 10 cm Durchmesser. Legen Sie den Ring auf den Tisch, so daß es nicht heranreicht, und geben Sie ihm das Band. Zeigen Sie ihm, wie es den Ring erreichen kann, wenn es das nicht schon selbst kann.

19. Zeigen Sie ihm naturalistische Bilder oder Fotos von verschiedenen Gegenständen. Anfangs versucht es wahrscheinlich, die gemalten oder fotografierten Gegenstände zu ergreifen. Es lernt bald, daß ein Bild nicht mit dem abgebildeten Gegenstand identisch ist.

Anregungen für das Hören

1. Lassen Sie es mit einer Rassel klappern, mit Seidenpapier, Aluminiumfolie und trockenen Blättern rascheln.

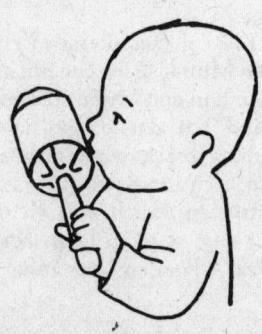

2. Geben Sie ihm ein Quietschtier aus Plastik. Zuerst schaut es umher, um festzustellen, woher das Geräusch kommt, bis es lernt, daß das Spielzeug dieses Quietschen erzeugt. So lernt es schon etwas über kausale Zusammenhänge.

3. Lassen Sie es mit Glöckchen spielen.

4. Lassen Sie für Ihr Kind kurze Zeit das Radio, eine Schallplatte oder ein Tonband spielen.

5. Geben Sie ihm ein Glöckchen, das an einem Stöckchen befestigt ist. Es wird das Stöckchen schütteln und das Glöckchen klingeln lassen; später lernt es, daß der Klöppel die Töne hervorruft.

6. Ihr Kind sitzt auf einem Stuhl. Sie stehen hinter ihm und halten ein Glöckchen oder eine Rassel rechts hinter ihr Kind und läuten damit. Fragen Sie es: «Wo ist das Glöckchen?» Beobachten Sie, ob es seinen ganzen Körper umdreht, um es zu finden. Machen Sie dasselbe noch einmal, halten jedoch das Glöckchen diesmal links hinter Ihr Kind.

7. Machen Sie es mit dem Geräusch fließenden Wassers, von Schritten, dem Zufallen einer Tür und mit anderen im Hause vorkommenden Geräuschen vertraut.

8. Wenn es zum erstenmal das Donnern hört, erschrickt es vielleicht. Lächeln Sie und sagen «bum-bum», geben ihm eine Wäscheklammer oder ein anderes Spielzeug, mit dem es klopfen kann. Wenn Sie mit ihm etwas spielen, das «mehr Krach als der Donner macht», hat es keine Angst mehr vor dem Donner und findet, daß das ein lustiges Spiel ist.

Anregungen für das Fühlen

1. Setzen Sie es in sein Laufställchen. Es kippt vielleicht nach vorne, aber es übt sich darin, Gleichgewicht zu halten.

2. Am Baden hat es viel Freude. Das Wasser fühlt sich angenehm an, und es macht Spaß, darin zu planschen.

3. Wenn es sich beim Baden Wasser ins Gesicht spritzt, lachen Sie darüber. Es macht das sicher noch öfter und gewöhnt sich so an das Wasserspritzen.

4. Geben Sie ihm einen Keks, den es alleine essen soll. Stecken Sie ihm den Keks nicht gleich in den Mund; legen Sie ihn auf den Tisch. So lernt es, wie es den Keks halten und in den Mund stecken muß.

5. Legen Sie seine Hand auf das eingeschaltete Radio oder den Fernsehapparat, so daß es die Vibrationen des Apparates spüren kann.

6. Regen Sie es dazu an, sich in seinem Laufställchen oder auf dem Fußboden vom Rücken auf den Bauch zu rollen. Zeigen Sie ihm ein Spielzeug, während es auf dem Rücken liegt. Legen Sie das Spielzeug dann neben Ihr Kind auf den Fußboden, aber außerhalb seiner Reichwei-

te. Wenn es sich nicht auf den Bauch rollt, geben Sie ihm einen kleinen Schubs, so daß es herumrollt. Es tut das dann bald selbständig.

7. Lassen Sie es verschiedene Materialien anfassen: Baumwolle, Sandpapier, Heftpflaster, Samt, Seide.

8. Wenn es draußen spielt, lassen Sie es Ziegelsteine, Pflastersteine, Gras, Blätter, das Fell eines Hundes anfassen.

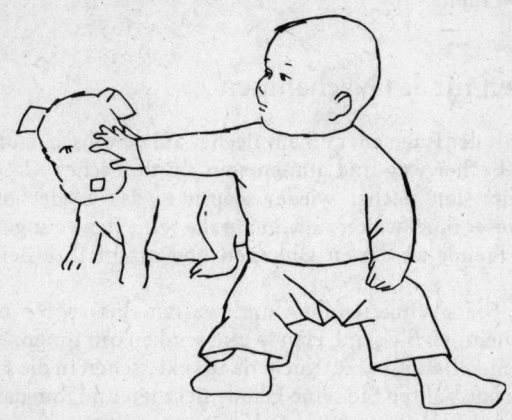

9. Wenn es sitzen kann, hat es viel Freude an einem kleinen Plastikplanschbecken, daß im Sommer draußen aufgestellt wird.

10. Lassen Sie es im Freien auf einer Decke spielen; ermuntern Sie es dazu, sich hin und her zu rollen. Helfen Sie ihm dabei, wenn es das noch nicht alleine kann.

Allgemeine Anregungen

1. Lassen Sie es auf dem Fußboden oder in seinem Laufställchen spielen, während Sie die Mahlzeiten in der Küche zubereiten.

2. Lassen Sie es dem Vater beim Rasieren zuschauen.

3. Lassen Sie es ruhig dabeisein, wenn Sie saubermachen. Auf dem Fußboden sollte es jedoch nicht zu lange sein. Es soll lernen, auch in seinem Laufställchen zu bleiben.

4. Stellen Sie sein Körbchen oder Laufställchen ans Fenster, so daß es das Leben und Treiben draußen beobachten kann.

5. Lassen Sie es draußen auf einer Decke oder in seinem Laufställchen spielen oder fahren Sie mit ihm spazieren.

6. Setzen Sie es auf Ihren Schoß und singen ihm etwas vor.

7. Heben Sie es hoch in die Luft und lassen es dann wieder herunter,

aber werfen Sie es nicht. Wiederholen Sie das. Vielleicht möchte es das Spiel hinauszögern, indem es Anstrengungen macht, noch einmal hochgehoben zu werden.

8. Nehmen Sie es gelegentlich mit, wenn Sie Verwandte oder Bekannte besuchen.

9. Gewöhnen Sie es daran, auch einmal von anderen beaufsichtigt und gefüttert zu werden.

Anregungen für das Nachahmen

1. Wenn es mit der Faust oder einem Becher auf den Tisch haut, nehmen Sie ihm den Becher weg und ahmen sein rhythmisches Klopfen nach. Geben Sie ihm den Becher wieder, damit es das wiederholen kann. Spielen Sie dieses Spiel weiter, indem Sie alle seine Bewegungen nachahmen; es hat Freude an diesen Übungen und macht Ihre Bewegungen nach.

2. Machen Sie «Winke-winke» und warten, bis es Sie nachahmt. Wenn nicht, nehmen Sie seine Hände und winken mit ihnen.

3. Spielen Sie «Backe-backe-Kuchen» und klatschen in die Hände. Bis es das gelernt hat, sollten Sie seine Hände nehmen und ihm das zeigen.

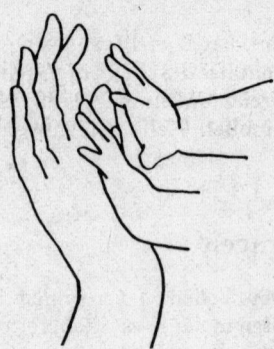

4. Setzen Sie es mit zugewandtem Gesicht auf Ihren Schoß. Stoßen Sie mit Ihrer Stirn an seine und sagen: «Bum». Machen Sie das noch einmal. Bald lernt es auch, seinen Kopf an Ihren zu stoßen.

5. Lassen Sie es das Schmatzen eines Kusses nachahmen.

6. Pfeifen Sie und beobachten, ob es seine Lippen spitzt und es auch versucht.

7. Drücken Sie ein Quietschtier. Macht es das nach?

8. Spielen Sie mit verschiedenen Spielsachen und beobachten, ob es Ihre Bewegungen nachahmt.

Räumliche Vorstellung

Die folgenden Übungen wurden entworfen, um seine räumliche Vorstellung zu fördern. Es beginnt jetzt, die Entfernungen zwischen verschiedenen Dingen und zwischen diesen und sich selbst zu begreifen.

1. Legen Sie ein Spielzeug in seine Nähe, so daß es dieses leicht erreichen kann. Dann schieben Sie es etwas weiter weg, so daß es sich mehr anstrengen muß, um es zu erreichen.

2. Legen Sie zwei Bausteine auf den Tisch, einen rechts und einen links von Ihrem Kind – so weit entfernt, daß es sie nicht ohne Anstrengung erreichen kann. So lernt es, in verschiedene Richtungen zu greifen.

3. Ihr Kind sitzt auf Ihrem Schoß. Stellen Sie eine Flasche oder ein Spielzeug auf den Tisch. Drehen Sie sich um, so daß Sie beide mit dem Rücken zum Tisch sitzen. Beobachten Sie, ob es sich umdreht, um die Flasche (das Spielzeug) zu sehen.

4. Halten Sie es einen Moment mit dem Kopf nach unten, so daß es die Welt aus dieser Perspektive sehen kann.

5. Halten Sie Ihr Kind fest und drehen sich vorsichtig mit ihm um die eigene Achse.

6. Wenn es auf dem Fußboden spielt, knien Sie sich hin und kriechen auf Ihr Kind zu und wieder weg. So lernt es, kurze und weite Entfernungen abzuschätzen.

7. Während Sie beide auf dem Fußboden sitzen, lassen Sie es einen Baustein oder ein anderes Spielzeug herunterwerfen. Zeigen Sie ihm, wie es werfen soll, und sagen: «Runter». Heben Sie den Baustein wieder auf, sagen: «Rauf» und geben ihn Ihrem Kind zurück. Es erkennt, daß es ein Oben und Unten gibt.

6. bis 8. Monat

Sie können die Übungen für das Tagesprogramm so auswählen, daß der tägliche Unterricht mindestens eine Übung aus jeder Kategorie – Sehen, Hören, Fühlen, allgemeine Anregungen, Nachahmen und räumliche Vorstellung – enthält. Der halbstündige Spielunterricht kann hauptsächlich Übungen enthalten, bei denen Ihr Kind am Tisch sitzt, wie etwa im nachstehend aufgeführten Tagesprogramm II: Spiel mit dem Spiegel, einem Quietschtier, «Hoppe-Reiter» und «Backe-backe-Kuchen»-Spielen und das Spiel mit Bausteinen. Die anderen für diesen Tag vorge-schlagenen Übungen – Radio, Baden usw. – können zu jeder anderen Tageszeit durchgeführt werden. Möglicherweise wollen Sie einige dieser Übungen auslassen, weil Ihr Kind müde ist oder eine der Übungen nicht mag; Sie können dann auch Übungen aus einem anderen Kapitel dazu-nehmen. Das heißt: das Programm ist so zusammengestellt, daß Sie es nach Belieben abwandeln können, damit es Ihnen und Ihrem Kind Freude macht.

(Die folgenden Übungen sind größtenteils *ausführlich* auf den vorher-gehenden Seiten beschrieben.)

Tagesprogramm I

Anregungen für das Sehen
Lassen Sie es mit Haushaltsgegenständen spielen.
Geben Sie ihm Schwimmspielzeug, wenn es badet.

Anregungen für das Hören
Rascheln Sie mit Seidenpapier.
Lassen Sie eine Tür zufallen.

Anregungen für das Fühlen
Lassen Sie es im Laufställchen sitzen.
Lassen Sie es einen Hund streicheln.

Allgemeine Anregungen
Lassen Sie es in Ihrer Nähe spielen, während Sie die Mahl-zeiten zubereiten.
Lassen Sie es zusehen, wenn Papi sich rasiert.

Anregungen für das Nachahmen
Ahmen Sie sein Klopfen nach, und lassen Sie es Sie nach-ahmen.
Machen Sie «Winke-winke».

Räumliche Vorstellung
Legen Sie ein Spielzeug nahe neben das Kind und dann etwas weiter weg.

Tagesprogramm II

Anregungen für das Sehen
Geben Sie ihm eine Wäscheklammer.
Zeigen Sie ihm sein Spiegelbild.

Anregungen für das Hören
Geben Sie ihm Quietschspielzeug aus Plastik.
Lassen Sie das Radio, eine Platte usw. spielen.

Anregungen für das Fühlen
Lassen Sie es in der Badewanne spielen und planschen.
Spielen Sie das Spiel «Wasserspritzen» mit ihm.

Allgemeine Anregungen
Stellen Sie sein Körbchen ans Fenster.
Spielen Sie «Hoppe-Reiter» mit ihm.

Anregungen für das Nachahmen
Machen Sie «Winke-winke».
Spielen Sie «Backe-backe-Kuchen».

Räumliche Vorstellung
Legen Sie zwei Bausteine rechts und links neben Ihr Kind.
Drehen Sie es mit dem Rücken zu einer Flasche oder einem Spielzeug und beobachten, ob es sich umdreht, um sie wieder anzuschauen.

Tagesprogramm III

Anregungen für das Sehen
Ermuntern Sie es, ein Spielzeug von einer Hand in die andere zu legen.
Geben Sie ihm in jede Hand einen Baustein und dann noch einen dritten.

Anregungen für das Hören
Geben Sie ihm ein Glöckchen, das an einem Stöckchen befestigt ist. Halten Sie das Glöckchen rechts und links hinter Ihr Kind. Dreht es sich um?

Anregungen für das Fühlen
Legen Sie seine Hand an das angestellte Radio, damit es die Vibration spürt.
Lassen Sie es verschiedene Materialien anfassen.

Allgemeine Anregungen
Lassen Sie ihr Kind dabeisein, wenn Sie saubermachen.
Lassen Sie es draußen spielen.

Anregungen für das Nachahmen
Machen Sie «Winke-winke».
Spielen Sie «bum-bum».

Räumliche Vorstellung
Wirbeln Sie es vorsichtig herum, während Sie es festhalten.
Kriechen Sie auf Ihr Kind zu und wieder weg.

Tagesprogramm IV

Anregungen für das Sehen
Lassen Sie kleine Bausteine auf den Tisch fallen. Versucht es, diese zu ergreifen?

Anregungen für das Hören
Machen Sie es auf die Geräusche von fließendem Wasser, Schritten usw. aufmerksam.
Rascheln Sie mit Seidenpapier, Alufolie usw.

Anregungen für das Fühlen
Ermuntern Sie es, auf dem Boden hin und her zu rollen.
Lassen Sie es verschiedene Materialien anfassen.

Allgemeine Anregungen
Lassen Sie es draußen auf einer Decke spielen.
Nehmen Sie es mit, wenn Sie Bekannte besuchen.

Anregungen für das Nachahmen
Schmatzen Sie einen Kuß.
Spielen Sie «bum-bum».

Räumliche Vorstellung
Werfen Sie einen Baustein herunter und heben ihn wieder hoch.

Tagesprogramm V

Anregungen für das Sehen
Lassen Sie es selbst mit den Fingern essen.
Spielen Sie «Blinde-Kuh» mit ihm.

Anregungen für das Hören
Sagen Sie «bum-bum», wenn es donnert.

Anregungen für das Fühlen
Lassen Sie es Ziegel- oder Pflastersteine usw. anfassen.

Allgemeine Anregungen
Pfeifen Sie mal.
Spielen Sie «Backe-backe-Kuchen».

Anregungen für das Nachahmen
Drücken Sie auf ein Quietschtier; lassen Sie es das nachmachen.

Räumliche Vorstellung
Halten Sie es einen Augenblick lang mit dem Kopf nach unten.

Tagesprogramm VI

Anregungen für das Sehen
Stellen Sie einen Becher mit der Unterseite nach oben auf den Tisch.
Zeigen Sie ihm, wie es eine Flasche herumdrehen muß, um darin befindliche Dinge auszuschütten.

Anregungen für das Hören
Halten Sie ein Glöckchen rechts und links neben und hinter
Ihr Kind.
Geben Sie ihm ein Glöckchen.

Anregungen für das Fühlen
Lassen Sie es in einem Planschbecken im Wasser spielen.
Ermuntern Sie es, sich immer wieder hin und her zu rollen.

Allgemeine Anregungen
Lassen Sie ihr Kind von anderen Leuten füttern.

Anregungen für das Nachahmen
Spielen Sie mit einem Gegenstand; lassen Sie es das nachmachen.

Räumliche Vorstellung
Kriechen Sie auf Ihr Kind zu und wieder weg.
Wirbeln Sie es vorsichtig herum, während sie es festhalten.

9. bis 11. Monat

Das Baby kann sich nun ohne Schwierigkeiten aufsetzen und hin und her
rollen. Obwohl es sich schon am Rande seines Körbchens, Laufställchens
oder an einem Stuhl in den Stand hochziehen kann, kriecht es gewöhnlich noch auf allen vieren umher. Seine Hände entwickeln sich. Dadurch,
daß es seinen Daumen und Zeigefinger zusammendrücken kann, gelingt
es ihm, kleine Gegenstände sehr geschickt aufzuheben. Es benutzt seinen
Zeigefinger, um Dinge anzutippen und so mehr über sie zu erfahren.
Z. B. steckt es sicher seinen Finger in eine Tasse oder irgendeine Öffnung
eines Spielzeugs.

Es nimmt nun schon mehr von dem Familienleben um sich herum
wahr und kann dies in einfachen Kinderspielen nachahmen. Es kann
wahrscheinlich schon «Mama», «Papa», «Dada», «Nana» sagen, aber es
kennt noch nicht die Bedeutung dieser Worte. Es probiert auch gern seine
Stimme in verschiedenen Tonlagen aus; manchmal quietscht es hoch, ein

andermal babbelt es in verhältnismäßig tiefer Tonlage.

Sie können seinen täglichen Spielunterricht auf 45 Minuten oder eine Stunde ausdehnen. Achten Sie darauf, daß es sich mit einer Übung so lange wie möglich beschäftigt, das fördert seine Konzentrationsfähigkeit.

Übungen aus dem vorhergehenden Kapitel, die es besonders gern mag und die es immer noch interessant findet, können Sie weiterhin verwenden. Die folgenden Übungen sind wiederum in bestimmte Kategorien geordnet, die sich gelegentlich überschneiden.

Anregungen für das Sehen

1. Lassen Sie es allein mit den Fingern essen. Es kann nun schon allerlei Dinge mit Daumen und Zeigefinger ausführen.

2. Helfen Sie ihm, seinen Löffel zu füllen; es soll ihn alleine in den Mund führen. Auf dem Wege zum Munde wird es viel kleckern, aber durch beständiges Üben bessert sich das mit der Zeit.

3. Legen Sie einen Keks auf den Tisch und decken ihn mit Ihrer Hand zu. Hebt es Ihre Hand hoch, um den Keks zu bekommen?

4. Mit einem kleinen Spielzeug spielen Sie das Spiel «Gib es Mami», «Nun nimm es, Thomas». Es macht ihm Spaß, Ihnen das Spielzeug zu geben und es dann zurückzunehmen, und es stellt Ihre Worte mit seinem Tun in einen Zusammenhang.

5. Legen Sie kleine Spielsachen in einen größeren Behälter und nehmen Sie sie wieder heraus. Zeigen Sie ihm, wie das gemacht wird, und es macht es Ihnen nach.

6. Legen Sie kleine Spielsachen oder Löffel in einen Kochtopf und decken den Deckel darüber. Beobachten Sie, ob es den Deckel hochhebt und die Spielsachen herausnimmt.

7. Stellen Sie ein niedriges Schränkchen in sein Zimmer. Dort bewahren Sie seine Spielsachen auf. Bringen Sie es zu diesem Schrank zurück, wenn es sich an anderen Schränken zu schaffen macht. Wenn es doch lieber an die anderen Schränke geht, nehmen Sie es ruhig aus dem Zimmer heraus und setzen es in sein Laufställchen. So lernt es, daß es an den anderen Schränken nichts zu suchen hat. Sie sollen jedoch nicht schimpfen oder es ärgerlich anschauen.

8. Werfen Sie ein Spielzeug vor es hin, wenn es krabbelt. Es macht Ihnen das bestimmt nach. Später nehmen Sie dazu zwei Gegenstände, denen es «nachjagen» soll.

9. Geben Sie ihm einen großen Plastikball, wenn es auf dem Fußboden spielt. Es fällt ihm nicht schwer, ihn vor sich her zu stupsen und ihm nachzukriechen.

10. Fragen Sie es: «Wo ist Mamis Ohr?», «Wo ist Papis Ohr?», «Wo

ist Teddys Ohr?» Zeigen Sie ihm das Erfragte und beobachten, ob es selbst darauf zeigen kann.

11. Geben Sie ihm zwei oder drei kleine Gegenstände, die es in einer Hand halten soll.

12. Geben Sie ihm einen Becher und einen Löffel. Wenn es nicht selbst auf den Gedanken kommt, den Löffel in den Becher zu legen, machen Sie es ihm vor. Anfangs läßt es den Löffel vielleicht einfach fallen; dann versucht es vielleicht, den Löffel in den Becher fallen zu lassen, und schafft das nicht gleich. Etwas später kann es das sicher.

13. Geben Sie ihm eine Tasse und einen Baustein von etwa 2,5 cm Durchmesser. Es nimmt jeden Gegenstand in eine Hand. Legen Sie den Baustein in die Tasse, wenn es das nicht selbst tut. Zuerst lernt es, einen Baustein aus der Tasse herauszunehmen, ehe es ihn auch hineinlegen kann.

14. Legen Sie zwei Bausteine (2,5 cm Durchmesser) aufeinander. (Benutzen Sie Bausteine aus Holz, Plastikbausteine rutschen leicht, und es bereitet Ihrem Kind daher mehr Schwierigkeiten, damit umzugehen.) Es lernt das Aufeinanderstapeln, indem es den obersten Baustein herunternimmt. Wundern Sie sich nicht, wenn es erst abbauen, aber noch nicht aufbauen kann. Es wird eine Weile dauern, bis es einen Stein auf den anderen setzt.

15. Geben Sie ihm einen Zeichenstift und ein Stück Papier. Zuerst klopft es mit dem Stift auf den Tisch und steckt ihn in den Mund. Zeigen Sie ihm, daß man mit dem Stift auf das Papier kritzeln kann. Wenn es das noch nicht versteht, versuchen Sie es einige Wochen später noch einmal.

Anregungen für das Hören

1. Lassen Sie es dem Radio oder einer Schallplatte zuhören.

2. Lassen Sie es auf eine Spielzeugtrommel schlagen. Es hat bestimmt Spaß an den Tönen, die es damit hervorbringen kann.

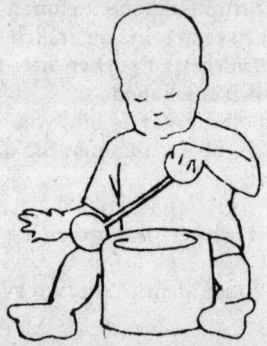

3. Geben Sie ihm einige auf eine Kette aufgereihte Plastikscheiben, die ein Klappern verursachen.

4. Lassen Sie es dem Ticken einer Uhr lauschen. Sagen Sie: «Ticktack» und bewegen Ihren Kopf im Takt hin und her; es ahmt Sie vielleicht nach.

5. Wenn Sie draußen sind, machen Sie Ihr Kind auf das Zwitschern der Vögel aufmerksam. Wenn Sie einen Vogel hören, deuten Sie auf ihn und sagen: «Vogel».

6. Machen Sie es auf ein vorbeifliegendes Flugzeug aufmerksam und ahmen das Brummen nach, wenn Sie eins hören.

7. Geben Sie ihm einfache Anweisungen, deren Befolgung ihm Freude macht: «Hole Mamis Schuhe»; «Hole den Teddybär»; «Hole das Brötchen». Es versteht die Worte anfangs noch nicht, aber wenn Sie ihm zeigen, was es zu tun hat, befolgt es Ihre Anweisungen.

8. Stellen Sie ihm Fragen. Anfangs antwortet es mit Gesten, später beantwortet es Fragen wie: «Bist du naß?», «Baden?», «Mittagsschlaf?» mit «ja» oder «nein».

Anregungen für das Fühlen

1. Wenn Sie draußen sind, lassen Sie es Ziegelsteine, den Bürgersteig, Sand, Gras, Blätter und alles, wofür es Interesse zeigt, anfassen.

2. Wenn es bei windigem Wetter draußen ist, blasen Sie auf seine Hand, so daß es auch dieses Pusten spüren kann. Vielleicht ahmt es Sie nach.

3. Lassen Sie es auf Linoleum, Holzboden, auf dem Teppich und auf Fliesen herumkrabbeln.

4. Geben Sie ihm leere Schachteln, Flaschendeckel, Seifendosen, Cellophanpapier und Putzlappen zum Spielen.

5. Geben Sie ihm einen Stoff- oder Plastikball.

6. Stellen Sie Töpfe und Pfannen, Deckel und andere Küchengeräte, Aluminiumfolie, Klebestreifen usw. in sein Schränkchen und lassen es damit hantieren.

7. Tanzen Sie zu Musik, während Sie es auf dem Arm halten. Es hat Spaß am Rhythmus und an der Bewegung.

Allgemeine Anregungen

1. Lassen Sie es aktiv am Familienleben teilnehmen, damit es sich als Teil der Familie fühlt. Lassen Sie es mitlachen, wenn alle fröhlich sind.

2. Fahren Sie es im Kinderwagen spazieren, oder stellen Sie sein

Laufställchen ins Freie.

3. Nehmen Sie es mit zum Einkaufen.

4. Nehmen Sie es mit, wenn Sie Besuche machen oder in ein Restaurant essen gehen.

5. Lassen Sie andere Kinder in Ihrer Wohnung spielen. Es wird noch nicht richtig mit ihnen spielen, aber ihre Gesellschaft bereitet ihm Freude.

Nachahmen und Ausdrucksfähigkeit

Lange bevor das Kind zu sprechen anfängt, kann es Sie verstehen, mehr durch Ihre Gesten und die jeweilige Situation als durch Ihre Worte selbst. Wenn Ihr Kind im Wohnzimmer ist, und Sie sagen zu ihm: «Mach mal das Mündchen auf», versteht es Sie sicher nicht. Wenn Sie die gleichen Worte jedoch zu ihm sagen, wenn es auf seinem Eßstühlchen sitzt und Sie einen Löffel in der Hand haben, versteht es Sie wahrscheinlich sehr gut. Ihre Gesten und die Situation sind sozusagen der Schlüssel für das Verstehen Ihrer Worte. Und dadurch, daß es Ihre Gesten nachahmt, wird es auch angeregt, Ihre Ausdrucksweise nachzuahmen. Auch der Gebrauch von Worten und Lauten, die im Verlauf eines Spiels vorkommen, wie «Hier ist es», «Jetzt geht's los», «Alles fertig» regt es zum Sprechen an. Bei seinen ersten Sprechversuchen verwendet es oft dieselben Laute für verschiedene Worte. Die folgenden Übungen sollen es anregen, Ausdrucksweise und Bewegungen anderer nachzuahmen:

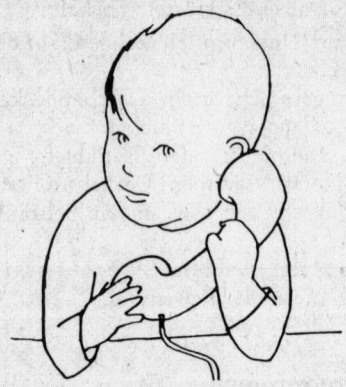

1. Sprechen Sie ihm einen Laut vor, den es schon kennt, und lachen dabei. Es ahmt Sie bestimmt nach. Machen Sie das mehrmals.

2. Machen Sie das gleiche mit einem Laut, den es noch nicht kennt. Ahmt es diesen neuen Laut auch nach?

3. Winken Sie und sagen: «Winke-winke».

4. Sagen Sie «Hallo», wenn jemand das Haus betritt, ebenso zu Ihrem Kind, wenn es in Ihr Blickfeld kommt.

5. Heben Sie den Hörer eines Spielzeugtelefons ab und sagen: «Hallo». Ermuntern Sie Ihr Kind, das nachzuahmen.

6. Spielen Sie «Hoppe-Reiter», wenn es auf Ihrem Schoß sitzt. Singen Sie das Lied dazu; bald wird es selbst hochhüpfen, wenn es das Lied hört.

7. Schnuppern Sie an einer Blume.

8. Schlagen Sie auf ein Spielzeug.

9. Schlagen Sie mit einem Stock auf ein Spielzeug.

10. Winken Sie mit einem Spielzeug.

11. Tun Sie so, als ob Sie aus einer Spielzeugtasse trinken, und geben ihm die Tasse.

12. Nehmen Sie in jede Hand einen Baustein und schlagen diese gegeneinander.

13. Legen Sie ein paar Bausteine in eine Schachtel und schütteln diese, damit es das Geräusch kennenlernt.

14. Zeigen Sie ihm, wie man mit einer Puppe «Backe-backe-Kuchen» spielt, indem Sie ihre Hände zusammendrücken.

15. Spielen Sie «Blinde Kuh». Zeigen Sie ihm, wie man das macht.

16. Geben Sie ihm ein Spieltelefon und wählen eine Nummer. Beobachten Sie, ob es auch an der Wählscheibe dreht.

17. Zeigen Sie ihm, wie man schmatzt, und geben ihm dann einen Kuß auf die Backe. Legen Sie Ihre Wange an seinen Mund und warten, ob es Sie küßt.

18. Beobachten Sie, ob es ein Hüsteln nachahmt.

19. Holen Sie tief Luft und keuchen. Versucht es, das nachzumachen?

20. Beobachten Sie, ob es die Laute wie: br, br, oh, oh, ghrr nachmachen kann.

21. Legen Sie Ihre Hand auf Ihren Mund und rufen wie ein Indianer: «Wah-wah-wah».

22. Legen Sie Ihren Finger auf Ihren Mund und sagen: «Sch».

Räumliche Vorstellung

1. Während Sie beide auf dem Fußboden einander gegenüber sitzen, machen Sie es auf ein kleines Spielzeug aufmerksam. Schieben Sie das Spielzeug langsam auf dem Fußboden entlang, bis es hinter Ihrem Rücken ist. Kriecht Ihr Kind um Sie herum, um das Spielzeug zu finden? Legen Sie eine Aktentasche oder ein großes Kissen zwischen sich und Ihr Kind. Schieben Sie das Spielzeug über den Fußboden, bis es hinter dem Kissen verschwunden ist. Krabbelt Ihr Kind um das Kissen herum, um

das Spielzeug zu finden? Hier noch eine Abwandlung dieses Spiels: Lenken Sie seine Aufmerksamkeit auf das Spielzeug, bewegen dieses langsam über den Fußboden, bis es hinter dem Kind liegt. Dreht es sich nun um, um das Spielzeug zu holen?

2. Nehmen Sie eines seiner Lieblingsspielzeuge, während es Ihnen zuschaut. Lassen Sie das Spielzeug fallen oder schubsen es unter einen Stuhl oder einen niedrigen Tisch. Versucht es, das Spielzeug hervorzuholen?

3. Lassen Sie es zwischen zwei Stühlen, zwischen Couch und Wand oder unter einem Tisch hindurchkriechen. So lernt es, wieviel Platz es braucht.

4. Setzen Sie es in die Nähe der Treppe und legen ein Spielzeug auf die zweite Stufe. Es versucht, sich das Spielzeug zu holen, indem es die Stufen hinaufklettert. Anfangs kann es nur eine Stufe erklettern, später schafft es mehr.

5. Zeigen Sie ihm ein vertrautes Bild, halten es jedoch verkehrt herum. Verdreht es nun den Kopf, um das Bild aufrecht zu sehen? Wenn es nicht reagiert, zeigen Sie ihm das Bild erst richtig herum und dann wieder mit dem Kopf nach unten.

6. Heben Sie Ihr Kind hoch und lassen es wieder herunter. Sagen Sie dabei: «Hoch, runter». So lernt es die Bedeutung von «oben» und «unten» und die Worte selbst kennen.

Selbstbewußtsein

Das Baby muß sich selbst kennenlernen. Es muß sich ein Bild von seinem Körper machen und begreifen, wie die einzelnen Körperteile arbeiten und eine Einheit bilden.

1. Setzen Sie Ihr Kind vor einen Spiegel – einen großen oder auch einen kleinen Handspiegel –, so daß es sein Spiegelbild sieht.

2. Zeigen Sie auf seine Augen, Nase, seinen Mund usw. und nennen gleichzeitig deren Namen. Sagen Sie: «Wo ist deine Nase?» oder «Zeig mir deine Nase». Erklären Sie ihm, was es machen soll, während es in den Spiegel schaut.

3. Zeigen Sie ihm Ihre Augen, Nase, Ihren Mund; dann soll Ihr Kind darauf zeigen.

4. Lassen Sie es einen Keks essen, während es in den Spiegel sieht. Es sieht dabei seinen Mund, seine Zunge und seine Zähne und lernt, darauf zu zeigen. So kann es beobachten, wie es kaut.

5. Hängen Sie ein kleines Bändchen über ein Ohr. Es versucht dann, es zu ergreifen. Es greift vielleicht nach dem falschen Ohr, weil es noch lernen muß, rechts und links zu unterscheiden.

Ursache und Wirkung

Das Baby beginnt nun zu begreifen, daß etwas geschieht, wenn es ein Spielzeug oder einen anderen Gegenstand mit seinen Händen, Füßen oder seinem Körper berührt. Wir können also sagen, es erkennt, daß es eine bestimmte «Wirkung» «verursacht». Wenn es z. B. die Rassel schüttelt, erzeugt es damit ein Geräusch. Sein Schütteln ist die «Ursache», das Geräusch die «Wirkung». Das sind die Anfänge logischen Denkens, das durch das Spiel angeregt werden sollte. Es versteht zwar die Begriffe «Ursache» und «Wirkung» noch nicht; fangen Sie jedoch an, ihm die Beziehung von Ursache und Wirkung durch Ihr Tun klarzumachen.

1. Zeigen Sie ihm einen Wecker und wie man die Knöpfe bedienen muß, damit er klingelt oder aufhört zu klingeln.

2. Lassen Sie es mit Gegenständen spielen, bei denen etwas passiert, wenn es an einem Knopf zieht (eine Glocke läutet oder ein Schubfach geht auf).

3. Bringen Sie an seinem Körbchen oder seinem Laufställchen eine Vorrichtung an, gegen die es schlagen oder treten kann und die dann herumwirbelt.

4. Zeigen Sie ihm, daß sich ein mechanisches Spielzeug bewegt, wenn Sie es aufziehen. Stellen Sie fest, ob es Ihnen das Spielzeug zum Aufziehen gibt oder ob es versucht, es selbst aufzuziehen, wenn das Spielzeug nicht mehr weiterläuft. Gibt es Ihnen das Spielzeug, zeigen Sie ihm noch einmal, wie Sie es aufziehen.

5. Zum Unterricht über Ursache und Wirkung ist jedes Spielzeug geeignet, das sich bewegt oder ein Geräusch hervorbringt, wenn man an einem Band zieht, es aufzieht oder schüttelt.

9. bis 11. Monat

(Die folgenden Übungen sind größtenteils *ausführlich* auf den vorhergehenden Seiten beschrieben.)

Tagesprogramm I
Anregungen für das Sehen
Lassen Sie es selbst mit den Fingern essen.

Verdecken Sie einen Keks mit Ihrer Hand; warten Sie, ob es Ihre Hand hochhebt, um sich den Keks zu holen.

Anregungen für das Hören
Lassen Sie es trommeln.

Anregungen für das Fühlen
Lassen Sie es Ziegelsteine, Sand, Gras usw. anfassen.

Allgemeine Anregungen
Nehmen Sie es mit zum Einkaufen.

Räumliche Vorstellung
Lassen Sie ein Spielzeug hinter Ihrem Rücken verschwinden.

Nachahmen und Ausdrucksfähigkeit
Sprechen Sie einen Laut aus, den Ihr Kind beherrscht, und fordern Sie es auf, Sie nachzuahmen.

Selbstbewußtsein
Zeigen Sie ihm sein Spiegelbild.
Zeigen Sie auf seine Augen, Nase usw., während es in den Spiegel schaut.

Ursache und Wirkung
Zeigen Sie ihm, wie man mit einem Wecker umgeht.

Tagesprogramm II

Anregungen für das Sehen
Helfen Sie ihm, mit dem Löffel zu essen.
Spielen Sie «Gib es Mami».

Anregungen für das Hören
Lassen Sie es dem Ticken einer Uhr lauschen.
Lenken Sie seine Aufmerksamkeit auf das Zwitschern der Vögel.

Anregungen für das Fühlen
Lassen Sie es auf Linoleum, einem Teppich usw. krabbeln.

Allgemeine Anregungen
Fahren Sie es im Kinderwagen spazieren.
Lassen Sie es in Gesellschaft anderer Kinder spielen.

Nachahmen und Ausdrucksfähigkeit
Machen Sie «Winke-winke».
Sagen Sie «Hallo».
Sagen Sie «Hallo» in ein Spieltelefon.

Räumliche Vorstellung
Lassen Sie ein Spielzeug hinter einer Aktentasche oder
einem Kissen verschwinden.

Selbstbewußtsein
Zeigen Sie auf Ihre Augen, Nase, Ihren Mund; dann soll Ihr
Kind darauf zeigen.

Ursache und Wirkung
Bringen Sie eine Vorrichtung an seinem Körbchen an, die
irgendwie reagiert, wenn es sie berührt.

Tagesprogramm III

Anregungen für das Sehen
Werfen Sie ein Spielzeug vor Ihr Kind, während es kriecht.
Geben Sie ihm zwei oder drei kleine Spielsachen, die es in
einer Hand halten soll.

Anregungen für das Hören
Lenken Sie seine Aufmerksamkeit auf Flugzeuge am Himmel; ahmen Sie ihr Brummen nach.
Lassen Sie es dem Ticken einer Uhr lauschen.

Anregungen für das Fühlen
Geben Sie ihm leere Schachteln, Topfdeckel usw.

Allgemeine Anregungen
Nehmen Sie es mit zum Einkaufen.

Nachahmen und Ausdrucksfähigkeit
Spielen Sie «Hoppe-Reiter».

Riechen Sie an einer Blume.
Schlagen Sie mit Ihrer Hand auf ein Spielzeug.
Sagen Sie «Hallo» in ein Spieltelefon.

Räumliche Vorstellung
Schieben Sie ein Spielzeug auf dem Fußboden entlang, bis
es hinter dem Rücken Ihres Kindes verschwunden ist.

Selbstbewußtsein
Lassen Sie es einen Keks essen, während es in den Spiegel
schaut.

Ursache und Wirkung
Bringen Sie eine Vorrichtung an seinem Körbchen an, die
irgendwie reagiert, wenn es sie berührt.

Tagesprogramm IV

Anregungen für das Sehen
Lassen Sie es einen großen Plastikball auf dem Fußboden
hin- und herkullern.
Fragen Sie: «Wo sind Mamis Augen?» usw. Erklären Sie
ihm, wie es darauf zu zeigen hat.

Anregungen für das Hören
Geben Sie ihm die Anweisung, eine einfache Aufgabe auszuführen.

Anregungen für das Fühlen
Pusten Sie auf seine Hand, wenn es windig ist.

Allgemeine Anregungen
Lassen Sie es am Familienleben teilnehmen.

Nachahmen und Ausdrucksfähigkeit
Schlagen Sie mit Ihrer Hand auf ein Spielzeug.
Schlagen Sie mit einem Stock auf ein Spielzeug.
Machen Sie «Winke-winke».

Räumliche Vorstellung
Lassen Sie es unter einem Stuhl hindurchkriechen.

Heben Sie es hoch und lassen es wieder runter; sagen Sie dabei «Hoch» und «Runter».

Selbstbewußtsein
Zeigen Sie auf seine Augen, Nase usw.

Ursache und Wirkung
Zeigen Sie ihm, wie man ein mechanisches Spielzeug aufzieht.

Tagesprogramm V

Anregungen für das Sehen
Geben Sie ihm eine Tasse und einen Baustein von 2,5 cm Durchmesser.

Anregungen für das Hören
Stellen Sie ihm einfache Fragen.
Geben Sie ihm eine Kette mit Plastikscheiben.

Anregungen für das Fühlen
Schieben Sie Folie, Papier, Töpfe und Pfannen in sein Schränkchen.

Allgemeine Anregungen
Lassen Sie es im Freien spielen.

Nachahmen und Ausdrucksfähigkeit
Winken Sie mit einem Spielzeug.
Tun Sie so, als ob Sie aus einer Tasse trinken.

Räumliche Vorstellung
Legen Sie ein Spielzeug auf die Treppe.

Selbstbewußtsein
Hängen Sie ihm ein Bändchen über ein Ohr.

Ursache und Wirkung
Lassen Sie es mit einem Spielzeug zum Ziehen spielen.

Tagesprogramm VI

Anregungen für das Sehen
Setzen Sie einen Baustein (2,5 cm Durchmesser) auf einen anderen.

Anregungen für das Hören
Geben Sie ihm die Anweisung, eine einfache Aufgabe auszuführen.
Rufen Sie es beim Namen.

Anregungen für das Fühlen
Tanzen Sie, während Sie Ihr Kind auf dem Arm halten.

Allgemeine Anregungen
Lassen Sie es am Familienleben teilnehmen.

Nachahmen und Ausdrucksfähigkeit
Zeigen Sie, wie es mit der Puppe «Backe-backe-Kuchen» spielen kann, indem es deren Hände zusammenführt.
Holen Sie tief Luft und keuchen.

Räumliche Vorstellung
Zeigen Sie ihm ein vertrautes Bild; halten Sie es jedoch verkehrt herum.

Selbstbewußtsein
Lassen Sie es vor einem Spiegel essen.

Ursache und Wirkung
Bringen Sie an seinem Körbchen eine Vorrichtung an, die bei Berührung irgendwie reagiert.

Man kann die Kinder vieles lehren . . .

...ohne einen Pfennig dafür ausgeben zu müssen. Man kann ihnen vieles mit auf den Lebensweg geben, was nichts kostet. Manche meinen gar, es sei ohnehin alles umsonst, was man den Kindern beibringe. Es bleibt dennoch genug, was die Lieben teuer macht.

Geld ist bestimmt nicht das Wichtigste, was man seinen Kindern geben kann; aber es kommt bald danach.

12. bis 14. Monat

Die in diesem Kapitel aufgeführten Übungen sollen angewandt werden, wenn das Baby ohne Hilfe sitzen, auf Händen und Füßen krabbeln, sich zum Stehen hochziehen und vielleicht ein oder zwei Schritte alleine machen kann. Es kann noch nicht sicher stehen und gehen. Obwohl es noch nicht gut mit dem Löffel essen kann, versucht es das schon. Es kann seine Finger zielbewußt einsetzen und kleine Gegenstände mit dem Zeigefinger und Daumen aufheben und fallen lassen. Das tut es jetzt besonders gern. Aus diesem Grund wiederholt es diese Übung immer und immer wieder. Es führt jetzt gern schwierigere Übungen aus, z. B.: sich zum Stehen hochziehen, Türen öffnen, sich fangen lassen, wenn es krabbelt, und sich hinter Stühlen verstecken. Es wird geselliger, spielt gern mit den anderen Familienmitgliedern, lacht über ungewöhnliche Geräusche oder wenn andere lachen. Es kann vieles nachmachen, was die anderen Familienmitglieder tun. Wenn die anderen darüber lachen, wiederholt es das betreffende Kunststück, um auf diese Weise im Mittelpunkt des Interesses zu stehen. Lassen Sie es gewähren und zeigen ihm, daß Sie seine Anstrengungen zu würdigen wissen. Schenken Sie ihm Ihre Aufmerksamkeit und viel Liebe. Denken Sie jedoch daran, daß es nicht *andauernd* Aufmerksamkeit braucht. Lassen Sie es auch einmal allein, so daß es nicht in dem Glauben aufwächst, es müsse immer im Mittelpunkt des Interesses stehen. Es ist sicher noch nicht ganz sauber. Sie können es jedoch aufs Töpfchen setzen, wenn es eine regelmäßige Verdauung hat und wenn es zwei Stunden lang trocken bleibt oder nach dem Mittagsschlaf mit trockenem Höschen aufwacht. Es erzieht sich selbst zur Sauberkeit, wenn Sie keinen Zwang ausüben. Alle Babies möchten das gleiche wie die größeren Kinder oder die Erwachsenen tun – und aufs Töpfchen zu gehen, ist ein Weg der Anpassung.

Es kann sich wahrscheinlich schon allein ausziehen, besonders wenn es ein schmutziges Höschen hat. Beim Anziehen kann es der Mutter behilflich sein, indem es ihr z. B. die Arme entgegenstreckt. Viele Mütter wissen nicht, ob Sie Ihr Kind noch ins Laufställchen setzen sollen, wenn es erst einmal krabbeln, stehen und laufen kann. Ein bis eineinhalb Stunden Spiel im Laufställchen schadet seiner Entwicklung nicht, und die Mutter kann in Ruhe ihrer Arbeit nachgehen. Es hat dann noch genug Zeit, sich frei im Haus zu bewegen, wenn es die Mutter nicht stört.

Mütter sagen Ihren Kindern jetzt oft, was sie *nicht* tun dürfen. Ein Kind, das sehr oft ein «Nein» hört, lernt bald, das zu überhören oder das Verbotene gerade zu tun, um die Aufmerksamkeit der Mutter auf sich zu lenken oder um ihr zu zeigen, daß es ihr nicht zu gehorchen braucht. Zuerst denkt die Mutter vielleicht, daß es sie nicht versteht. Im allgemeinen *will* es aber nicht verstehen. Es gibt einen besseren Weg, ihm begreiflich zu machen, daß es manche Dinge tun darf und manche nicht. Räumen Sie als erstes alle unnötigen Dinge aus seiner Reichweite, um das dauernde «Nein» zu vermeiden. Wenn es dann etwas tut, was es nicht darf, sagen Sie *einmal* «Nein». Wenn es das Verbotene trotzdem noch einmal tut, bringen Sie es aus dem Zimmer und erklären, daß nur große Jungen (oder Mädchen) hier spielen können. Es versteht Ihre Worte zwar nicht, aber wenn Sie sich knapp ausdrücken und ihm durch Ihr Tun (das Entfernen aus dem Zimmer) zeigen, was Sie meinen, begreift es bald. Es ist sehr wichtig, daß Sie ihm nicht zeigen, daß Sie sich ärgern – Sie sollten sich möglichst überhaupt nicht ärgern. Sie müssen gelassen und bestimmt, aber freundlich auftreten. So lernt es, was es tun darf und was nicht. Wenn die Mütter einige Grundsätze aufstellen und sich danach richten, brauchen sie sich nicht so viel über ihre Kinder zu ärgern und werden nicht so schnell nervös oder aufgeregt. Statt dessen gibt ihnen ein ordentlich und diszipliniert geführter Haushalt Selbstsicherheit und die Unterstützung durch ihre Kinder.

Dieses Kapitel enthält Übungen, die die Sprachfähigkeit und die Fähigkeit, Aufgaben zu lösen, fördern. Nun sollte Ihr Kind also eine Stunde lang an seinem Tisch mit Ihnen «arbeiten» können.

Manche Übungen fördern gleichzeitig mehrere Fertigkeiten und sind manchmal unter verschiedenen Kategorien aufgeführt. Z. B. kann das Erklären der Körperteile das Sehen, Hören, das Selbstbewußtsein und die Sprachfähigkeit anregen. Solche Übungen sind in der Regel unter der Kategorie aufgeführt, für die sie am wichtigsten sind.

Anregungen für das Sehen

1. Obwohl es noch nicht mit dem Löffel essen kann, kann es seine Finger gebrauchen. Geben Sie ihm etwas, das es mit den Fingern essen kann. Jetzt kann es wahrscheinlich alles essen und braucht keine Babykost mehr. Besprechen Sie das mit Ihrem Arzt. Geben Sie ihm bei den Mahlzeiten seinen eigenen Löffel und zeigen ihm, wie es damit umgehen muß. Es verkleckert anfangs noch viel, wenn es den Löffel zum Munde führt, aber es lernt auch dadurch.

2. Lassen Sie es beim An- und Ausziehen helfen. Es kann sicher schon seine Söckchen ausziehen, eine Mütze aufsetzen und einen Arm in einen Mantelärmel stecken. Sagen Sie «drücken», wenn Sie ihm seine Schuhe, Stiefel oder Hausschuhe anziehen, und lassen es das tun.

3. Es kann dem Vater helfen, indem es den Schraubenzieher, den

Hammer oder die Schrauben hält und sie dem Vater gibt, wenn er sie braucht.

4. Spielen Sie «Wo ist das Baby?» Suchen Sie es, wenn es sich hinter einem Stuhl, Tisch oder dem Sofa versteckt.

5. Kullern Sie ihm einen Ball zu, den es zurückrollen soll, während Sie beide auf dem Fußboden sitzen.

6. Spielen Sie zusammen mit einem Ball. Es kann den Ball jetzt werfen, wenn auch nicht zielsicher. Wenn Sie das früher einmal versucht haben, hat es den Ball nur hin- und herbewegt, konnte ihn aber nicht wegwerfen.

7. Es spielt gern mit einem Lastwagen, den es be- und entladen kann.

8. Lassen Sie es eine leichte, aber ziemlich große Schachtel vor sich her schieben, wenn es auf dem Fußboden herumkriecht.

9. Geben Sie ihm eine Murmel und eine schräg abfallende Bahn dafür. Es lernt so, die Murmel von oben nach unten rollen zu lassen.

10. Lassen Sie es mehrere Murmeln in eine Schachtel oder einen anderen Behälter legen. Wenn es sie in den Mund steckt, nehmen Sie ihm die Murmeln weg. Geben Sie ihm die Murmeln erst dann wieder, wenn es gelernt hat, daß sie nicht in den Mund gehören.

11. Geben Sie ihm große Steckperlen aus Plastik. Es hat vielleicht noch nicht genügend Kraft, um sie zusammenzustecken, aber es kann sie vielleicht auseinanderziehen. Erklären Sie ihm, wie man sie richtig aneinanderreiht. Wenn es die Perlen noch nicht zusammenstecken kann, helfen Sie ihm dabei.

12. Lassen Sie es Bausteine aufeinandersetzen.

13. Zeigen Sie ihm, wie es mit den Bausteinen einen Zug bauen kann, indem es diese aneinanderreiht. Schieben Sie die Bausteine vor sich her und sagen: «Tschu-tschu-tschu». Wenn es auch noch nie eine Dampflok gehört oder gesehen hat, spielt es damit auf jeden Fall gern.

14. Zeigen Sie ihm, wie es mit einem Pustefix Seifenblasen machen kann.

15. Basteln oder kaufen Sie ein Brett mit drei ausgestanzten Vertiefungen – einem Kreis, einem Viereck und einem Dreieck. Legen Sie die in die Vertiefungen passenden geometrischen Körper vor Ihr Kind, so daß es sie in die richtigen Vertiefungen setzen kann. Zeigen Sie ihm, wie es die Formen einsetzen soll, aber arbeiten Sie nicht zu lange an dieser Übung. Wenn es nicht sieht, wohin die Formen gehören, versuchen Sie es später noch einmal.

16. Geben Sie ihm einen kleinen Gummiball und einen Ring. Es lernt damit, den Ball durch den Ring zu stecken.

17. Es kann verschieden große Ringe von einem Stock herunternehmen; jedoch fällt es ihm vielleicht schwer, die Ringe wieder über den Stock zu legen. Lassen Sie es üben, auch wenn es die Ringe nicht in der richtigen Reihenfolge anbringt. Es dauert eine Weile, bis es die Größenunterschiede richtig erkennen kann.

18. Lassen Sie es Reiskörner in eine kleine Flasche tun. Geben Sie ihm dann z. B. einen Ball, damit es versuchen kann, auch diesen in die Flasche

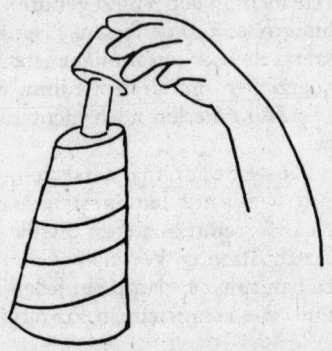

zu stecken. So lernt es, daß manche Dinge so groß sind, daß sie nicht in eine Flasche passen.

19. Obwohl es die Reiskörner in die Flasche tun kann, weiß es anfangs nicht, daß sie wieder herausfallen, wenn es die Flasche auf den Kopf stellt. Sie können ihm zeigen, wie man das macht.

20. Es macht ihm Spaß, Wasser aus einem kleinen Krug oder einer Tasse in eine andere zu gießen, während es in der Badewanne sitzt oder draußen spielt.

21. Lassen Sie es mit Buntstiften auf Papier kritzeln. Zeigen Sie ihm, wie man eine senkrechte und eine waagerechte Linie zieht. Wenn Sie das als Spiel gestalten, versucht es sicher, die Linie nachzumalen. Lachen Sie und sagen: «Huiii», während sie die Linie ziehen.

Anregungen für das Hören

1. Es hört gern das Ticken einer Uhr.

2. Zeigen Sie ihm, daß man mit durchgedrückten Knien gleichzeitig mit dem Ticken einer großen Uhr von einem Fuß auf den anderen treten und dabei «Tick-tack» sagen kann.

3. Geben Sie ihm ein Schlaginstrument. Es soll Ihr schnelleres und langsameres, lauteres und leiseres Klopfen nachmachen.

4. Es kann mit einem Spielzeugxylophon spielen und dazu singen.

5. Geben Sie ihm bestimmte Anweisungen: «Mach die Tür zu» oder «Hol meine Schuhe». (Weitere Vorschläge für Anregungen für das Hören finden Sie unter der Kategorie: Sprachentwicklung.)

Anregungen für den Geruchssinn

Wenn Sie ihm zum erstenmal sagen, daß es an etwas riechen soll, weiß es vielleicht gar nicht, was es tun muß. Anfangs pustet es, aber mit der Zeit kommt es dahinter. Machen Sie es auf Dinge aufmerksam, die einen bestimmten Geruch haben – Blumen, Bananen, Äpfel, Apfelsinen, Essig – und sagen: «Riech mal dran.» Machen Sie ihm das vor.

Anregungen für das Nachahmen

Lassen Sie es folgendes nachmachen:
1. Kratzen Sie auf der Oberfläche des Tisches.
2. Trommeln Sie mit den Fingern auf den Tisch.
3. Öffnen und schließen Sie Ihre Hand.

4. Krümmen Sie Ihren Zeigefinger.

5. Öffnen und schließen Sie Ihren Mund mit einem schmatzenden Geräusch.

6. Blinzeln Sie mit den Augen.

7. Berühren Sie Ihr Kinn mit den Fingern.

8. Ziehen Sie Ihre Nase kraus.

9. Ziehen Sie an Ihrem Ohrläppchen.

10. Tätscheln Sie Ihre Backe.

11. Schlagen Sie mit der einen Hand auf die andere.

12. Schlagen Sie auf Ihre Knie.

13. Lassen Sie es beim Bettenmachen helfen.

14. Wenn Sie Kerzen ausblasen, lassen Sie es auch einmal pusten.

Vorstellungskraft und Rollenspiel

Um diese Zeit etwa fängt das Kind an, sich Dinge in seiner Phantasie vorzustellen. Es spielt z. B., daß es mit einem Holzlöffel in einem Topf herumrührt, kostet und weiterrührt. Es stellt sich vor, etwas zu essen, das es auf Bildern sieht, und seine Puppen und Stofftiere behandelt es, als wären es Babies. Wenn andere Kinder zum Spielen kommen, spielt es vielleicht selbst gern das Baby. Ermuntern Sie es zu solchen Spielen, denn es lernt so, wie die Menschen seiner Umgebung zu handeln, und findet das lustig.

Selbstbewußtsein

1. Fragen Sie es: «Wo sind meine Augen?» Wenn es nicht auf Ihre Augen zeigt, nehmen Sie seinen Finger und legen ihn an Ihre Augen und sagen «Augen». Dann fragen Sie es noch einmal.

2. Es mag ihm schwerfallen, Ihnen seine Augen, Nase, seinen Mund, seine Zähne und Haare zu zeigen, weil es sich selbst nicht sehen kann. Legen Sie seinen Finger an seine Augen und sagen «Thomas' Augen». Machen Sie das gleiche mit seinen anderen Gesichtsteilen. Fragen Sie dann nur: «Wo sind deine Augen?» oder «Zeig mir deine Nase».

3. Zeigen Sie auf Ihre Augen und fragen: «Was ist das?» Wenn es sprechen kann, sagt es «Augen». Machen Sie das gleiche, indem Sie auf Augen, Nase, Mund usw. einer Puppe zeigen.

4. Wenn Sie sich ein Bilderbuch ansehen, lassen Sie es auf die Augen eines Hundes oder eines Pferdes zeigen. Danach fragen Sie: «Wo sind deine Augen?»

5. Lassen Sie es in einen Spiegel sehen. Nun soll es Ihnen seine

Zähne zeigen. Sie können es vor dem Spiegel essen lassen, so daß es sehen kann, wie es kaut und seine Zunge und Zähne gebraucht.

6. Es macht ihm Spaß, in den Spiegel zu schauen, wenn es ein hübsches Mützchen, neue Kleider oder Schuhe trägt.

7. Wenn es sein Spiegelbild in einem Spiegel, einem Topfdeckel oder einer anderen glänzenden Oberfläche sieht, fragen Sie «Wer ist das?» Wenn es nicht antwortet, sagen Sie: «Das ist Thomas.»

8. Zeigen Sie auf Ihr Kind und fragen: «Wer ist das?» Nennen Sie seinen Namen. Machen Sie einen Vergleich, indem Sie fragen: «Wer ist das?», während Sie auf sich selbst zeigen.

Räumliche Vorstellung

1. Geben Sie ihm eine Tasse, in der sich einige kleine Spielsachen befinden. Es nimmt wahrscheinlich eins nach dem anderen heraus und legt sie dann wieder hinein. Zeigen Sie ihm, daß es die Tasse umdrehen kann, so daß alle Spielsachen auf einmal herausfallen. Legen Sie die Spielsachen wieder in die Tasse zurück und beobachten, ob es nun selbst die Tasse umdreht.

2. Spielen Sie zusammen mit ihm Ball, während Sie auf dem Fußboden sitzen. Bauen Sie vorher ein Hindernis auf, das es umgehen muß, wenn es den Ball erreichen will. Rollen Sie den Ball unter das Sofa oder ein anderes Hindernis, so daß es den Ball nur erreichen kann, wenn es darum herumkriecht. Sagen Sie ihm, es soll den Ball holen. Wenn es nicht um das Hindernis herumkriecht, versuchen Sie es in ein paar Wochen noch einmal.

3. Stellen Sie einen Pappkarton vor Ihr Kind. Ziehen Sie ein kleines Spielzeug so lange langsam dahinter entlang, bis es auf der anderen Seite wieder zum Vorschein kommt. Beobachten Sie, ob es auf die Seite des Kartons starrt, an der das Spielzeug zum Vorschein kommen muß.

4. Zeigen Sie ihm, wie man Kleider an einen Haken und Handtücher auf eine Stange hängt.

Das Lösen von Aufgaben

Sie können Ihr Kind dazu anhalten, einfache Aufgaben zu lösen, wenn Sie mit ihm spielen. Es gewinnt damit wichtige Erkenntnisse über das sorgfältige Beobachten, In-Erinnerung-Behalten und das Ausarbeiten der Lösung einer Aufgabe.

1. Legen Sie eine Decke auf die Erde, damit kein Geräusch ihm bei der Lösung dieser Aufgabe hilft, und setzen sich darauf. Zeigen Sie ihm ein

Spielzeug, das es sehr gern hat. Wenn es danach greift, bedecken Sie es so, daß noch ein kleines Stück davon zu sehen ist. Verwenden Sie einen weißen Stoff, durch den es nicht hindurchsehen kann. Findet es das Spielzeug? Machen Sie dieses Spiel mehrmals. Sie müssen hierbei ein Spielzeug benutzen, das es wirklich sehr gern hat, weil es sich sonst nicht bemüht, es zu suchen. Sie können zum Verstecken des Spielzeugs auch Schachteln oder leichte Kissen verwenden.

2. Zeigen Sie ihm ein Spielzeug. Wenn es danach greift, bedecken Sie das Spielzeug und seine Hand mit dem Tuch. Lassen Sie es das Spielzeug suchen. Versuchen Sie es noch einmal.

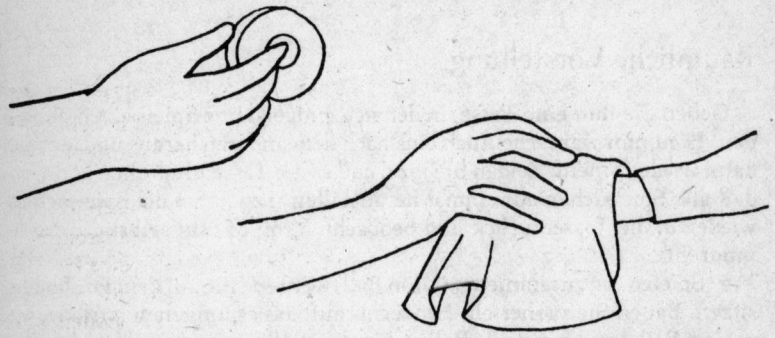

3. Legen Sie ein Spielzeug auf den Fußboden. Wenn es danach greift, decken Sie das Spielzeug zu, lassen seine Hand aber frei. Sagen Sie ihm, es soll das Spielzeug suchen. Machen Sie diese Übung mehrmals.

4. Legen Sie das weiße Tuch auf die Erde neben Ihr Kind. Legen Sie auf die andere Seite z. B. ein graues Tuch (nehmen Sie dafür keinen Stoff mit einem bunten Muster, sonst spielt es damit und macht die Übung nicht mit). Verstecken Sie nun das Spielzeug unter dem grauen Tuch. Beobachten Sie, ob es unter diesem nachschaut oder erst unter dem weißen sucht. Machen Sie diese Übung noch einmal.

5. Verstecken Sie das Spielzeug erst unter dem weißen, dann unter dem grauen und dann wieder unter dem weißen Tuch. Sucht es jedesmal unter dem richtigen?

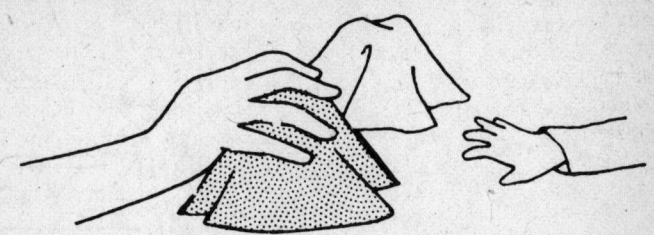

6. Legen Sie nun ein drittes Tuch vor Ihr Kind (vielleicht gelb oder beige), und verstecken Sie das Spielzeug fünf- bis siebenmal in beliebiger Reihenfolge unter jedem Tuch. Merken Sie sich, ob es immer unter dem richtigen nachschaut.

7. Legen Sie ein Spielzeug so auf den Tisch, daß Ihr Kind es erreichen kann. Während es das Spielzeug ansieht, legen Sie Ihre Hand oder ein Stück Pappe zwischen Ihr Kind und das Spielzeug. Schiebt es Ihre Hand beiseite oder stößt es die Pappe weg, um das Spielzeug zu finden?

8. Zeigen Sie ihm ein Spielzeug, das es gerne hat, und stellen es außerhalb seiner Reichweite auf ein flaches Kissen, das Sie auf ein Tischchen legen. Es soll jedoch einen Zipfel des Kissens erreichen können. Sagen Sie ihm, es soll sich das Spielzeug holen. Wenn es das nicht kann, zeigen Sie ihm, daß es das Kissen zu sich heranziehen kann. Machen Sie das mehrmals. (Lassen Sie es nicht auf den Tisch klettern, um sich so das Spielzeug zu holen.)

9. Wenn es das Spielzeug mit Hilfe des Kissens erreichen kann, halten Sie das Spielzeug nun etwa 10 cm über das Kissen und warten ab, was Ihr Kind macht. Wenn es nicht an dem Kissen zieht, sondern auf das Spielzeug zeigt, danach greift oder Sie bittet, es ihm zu geben, können Sie sicher sein, daß es begriffen hat, daß es ihm diesmal nichts nutzt, an dem Kissen zu ziehen.

10. Zeigen Sie ihm ein Spielzeug, während es auf einem hohen Stuhl sitzt. Befestigen Sie ein Band an dem Spielzeug und lassen es langsam auf den Boden herunter.

Legen Sie das Ende des Bandes neben seine Hand. Sagen Sie ihm, es soll sich das Spielzeug holen. Wenn es nicht an dem Band zieht, um das Spielzeug zu erreichen, zeigen Sie es ihm. Machen Sie diese Übung mehrmals.

Sprachliche Entwicklung

Wenn es zu sprechen lernt, wird das Leben viel leichter für das Kind. Es kann nun um etwas bitten, das es haben möchte. Wenn es z. B. noch sehr klein ist, kann es Ihnen «Wah-wah» sagen, wenn es Wasser haben möchte. Wenn es das Wort «Tasse» gelernt hat, spricht es dieses aus, wenn es eine Tasse sieht. Es lernt auch, wozu und wie die Dinge in seiner Umgebung gebraucht werden. Wenn es gefragt wird: «Was machst Du mit einer Tasse?», zeigt es Ihnen wahrscheinlich, wie es trinkt, noch ehe es «trinken» sagen kann.

Mit Hilfe der Sprache kann es sich seine Welt besser einrichten. Es lernt, daß man sowohl aus Tassen wie auch aus Gläsern trinken kann, daß sie Milch oder Wasser enthalten können.

Das Sprechen lernt das Kind erst aufgrund mannigfacher Erfahrungen im Umgang mit vielen Dingen und Menschen in den unterschiedlichsten Situationen. Es versteht Sie, lange bevor es sprechen kann. Wissenschaftliche Untersuchungen haben gezeigt, daß Kinder, die in Heimen aufgewachsen und wenig menschliche Zuwendung erhalten haben, in ihrer sprachlichen Entwicklung nur sehr langsame Fortschritte machen. Jeder Tag – mit Spielübungen, mannigfachen Erkenntnissen, Spaß im Kreise der Familie – bringt Fortschritte in der sprachlichen Entwicklung des Kindes. Bevor es in der Lage ist zu sprechen, können Sie ihm erklären, wozu die Sprache gebraucht wird. Wenn Sie es z. B. auffordern, auf Dinge zu zeigen, deren Namen Sie ihm nennen, versteht es bald, daß man mit der Sprache die Dinge beim Namen nennt. Später zeigt es auf Gegenstände, damit Sie ihm deren Namen nennen. Noch später lernt es, daß alle seine Handlungen in Worten ausgedrückt werden können.

Die folgenden Sprechübungen sind für Kinder bestimmt, die noch nicht sprechen können.

1. Fordern Sie es auf, Dinge zu berühren. Anfangs soll es die Teile eines Körpers berühren. Halten Sie z. B. seinen Fuß und sagen: «Fuß». Fragen Sie dann: «Wo ist dein Fuß?» Wenn es seinen Fuß nicht berührt, legen Sie seine Hand darauf. Machen Sie diese Übung mit seiner Hand, seinen Fingern, Armen usw. Erwarten Sie bei all diesen Übungen nicht, daß Ihr Kind in die Richtung, in die Sie zeigen, sieht, besonders dann nicht, wenn Sie auf etwas zeigen, das weiter entfernt ist. Legen Sie Ihren Finger auf den jeweiligen Gegenstand. Arbeiten Sie an diesen «Zeige»-Übungen auch nicht zu lange, sonst hat es bald keine Freude mehr daran. Wenn es unruhig wird, hören Sie damit auf.

2. Nun soll es auf verschiedene Körperteile zeigen. Sagen Sie: «Wo ist deine Hand?» oder «Zeig mir deine Hand». Erklären Sie ihm, wie es das machen soll, indem Sie mit Ihrem Finger auf seine Hand zeigen. Nehmen Sie dann den Zeigefinger seiner einen Hand und zeigen damit auf seine andere Hand.

3. Fordern Sie es auf, auf Ihre Hand, Ihren Fuß, Ihren Arm usw. zu zeigen, indem Sie sagen: «Zeige auf Mamas Fuß» oder «Wo ist Papas Hand?»

4. Es fällt ihm leichter, auf Teile Ihres Gesichtes zu zeigen als auf sein Gesicht, da es dies nicht sieht. Sagen Sie «Zeige auf Mamas Auge». Legen Sie seinen Finger an sein eigenes Auge und sagen: «Thomas' Auge». – «Wo ist Thomas' Auge?» – «Das ist Thomas' Auge» usw.

5. Zeigen Sie ihm verschiedene Dinge in der Wohnung und nennen ihm deren Namen. Fragen Sie es, wo sich der jeweilige Gegenstand befindet, nachdem Sie ihm das gesagt haben. Wenn es nicht darauf zeigt, legen Sie seinen Finger auf den Gegenstand und sagen ihm den Namen noch einmal.

6. Geben Sie ihm einfache Anweisungen wie: «Hol mir einen Schuh!» oder: «Gib Papi seine Zeitung!» oder: «Leg den Löffel auf den Tisch!» Wenn es Sie nicht versteht, zeigen Sie ihm, was es machen soll. Gestalten Sie diese Übung unbedingt als Spiel, zeigen Sie ihm, daß Sie das als Spaß betrachten.

7. Üben Sie das «Bitte-und-Danke-Spiel«. Geben Sie ihm ein kleines Spielzeug und sagen: «Bitte», während Sie ihm Ihre Hand hinhalten, um ihm zu zeigen, daß Sie es haben möchten. Wenn es Ihnen das Spielzeug gibt, sagen Sie: «Danke». Wiederholen Sie diese Übung; es hat Freude daran und wird später lernen, diese Worte zu gebrauchen.

8. Es lernt sicher sehr früh, seinen Kopf zu schütteln, wenn es «Nein» sagen will. Die meisten Babies lernen es schon dann, wenn Sie ihren Kopf von einer Seite zur anderen drehen, um zu zeigen, daß sie nichts mehr essen wollen. Oft hören sie auch ihre Eltern «Nein» sagen und sehen, wie sie dabei den Kopf schütteln.

9. Sie können für Ihren Sprachunterricht auch Bilder benutzen. Wun-

dern Sie sich nicht, wenn es Fotos von Familienangehörigen oder das Bild eines Hundes in einem Buch nicht erkennt, auch wenn es einen Hund besitzt. Es dauert eine Weile, bis es die Bedeutung der Bilder versteht. Zeigen Sie ihm ein Bild von einer Frucht und dann die Frucht selbst. Kleben Sie das Bild auf eine Papiertüte oder auf den Boden einer Pfanne und sagen zu ihm: «Lege die Apfelsine auf ihr Bild» oder «. . . in die Tüte».

10. Zeigen Sie ihm, wie man sich Bilder in Zeitschriften und Büchern ansieht und wie man die Seiten umblättert. Nennen Sie ihm die Namen von einigen Dingen, die Sie sehen, und fordern es auf, darauf zu zeigen. (Beispiel: «Da ist der Hund.» – «Wo ist der Hund?» – «Ja, da ist der Hund.» Dabei legen Sie seine Finger auf das Bild des Hundes.)

Viele Kinder lernen sprechen, bevor sie richtig laufen können. Normalerweise fängt ein Kind zwischen seinem ersten und zweiten Geburtstag an zu sprechen. Es ist interessant, daß fast alle Babies am Anfang die gleichen Worte sprechen. Obwohl das Wort «Mutter» in jeder Sprache verschieden ist, nennt das Baby seine Mutter in vielen Ländern «Mama». Alle Babies können einige Worte besonders leicht aussprechen und gebrauchen diese gewöhnlich für viele verschiedene Dinge. Regen Sie es mit Hilfe der folgenden Übungen zum Sprechen an:

11. Anfangs machten Sie Spiele, in denen Ihr Kind Sie in Tun und Geste nachahmte; nun wird es versuchen, auch Ihre sprachliche Ausdrucksweise nachzuahmen.

12. Ermuntern Sie es zu lallen, indem Sie Ihr Kind nachahmen. Lachen Sie mit ihm, damit es sieht, daß es Ihnen Spaß macht. Sprechen Sie dann einen Laut aus und warten, ob es diesen nachahmt.

13. Konzentrieren Sie sich anfangs auf Worte, die es schon versteht, insbesondere jene, deren Laute es schon beim Lallen gebraucht hat. Wenn es z. B. «bah-bah» lallt und Sie sagen: «Balla», wenn Sie mit dem Ball spielen, wird es Sie nachahmen und sicher auch «Ball» sagen. So lernt es die Bedeutung des Wortes kennen und kann es zur rechten Zeit ohne Hilfe gebrauchen.

14. Hilfreich ist es auch, die Worte mit sinngemäßem Tun zu verbinden, wenn Sie ihm Sprechunterricht erteilen. Zeigen Sie ihm z. B. ein Glas Wasser und lassen es daraus trinken, wenn Sie ihm das Wort «Wasser» beibringen. Anfangs darf es ruhig «wa-wa» sagen. Bald kann es dann das Wort auch richtig aussprechen.

15. Am leichtesten zu lernen sind die Worte, in denen derselbe Laut wiederholt wird, wie «Mama», «Papa», «na-na» usw. Diese Worte lernt es am ehesten.

16. Da es Ihre Worte versteht, bevor es diese aussprechen kann, sollten Sie sich einer sehr einfachen Ausdrucksweise bedienen und nur wenige Worte gebrauchen, damit es nur die wichtigsten hört und sie leichter

lernt. Wenn es Zeit zum Baden ist, sagen Sie nur: «Baden», gehen ins Badezimmer und bereiten sein Bad vor. Bald weiß es dann, was «Baden» bedeutet, und geht ins Bad, wenn Sie das Wort aussprechen. Wenig später wird es dann auch «Baden» sagen können. Eltern reden gewöhnlich viel zuviel; darum bemühen sich die Kinder auch nicht sonderlich, ihnen zuzuhören.

12. bis 14. Monat

Stellen Sie aus den nachfolgend vorgeschlagenen Programmen Ihr tägliches Übungsprogramm so zusammen, daß es mindestens eine Übung aus jeder Kategorie enthält. Wenn Sie Ihrem Kind gerade etwas vorlesen und es möchte lieber mit einem Puzzlespiel spielen, schlagen Sie ihm vor, daß es damit spielen dürfe, sobald Sie die Geschichte zu Ende gelesen haben. Am besten planen Sie das Tagesprogramm im voraus und halten es auch ein. Wenn Ihr Kind eine Übung nicht ausführen möchte, verwenden Sie für diese Übung weniger Zeit als geplant, damit es lernt, daß man eine Aufgabe auf jeden Fall vollenden muß.

(Die folgenden Übungen sind größtenteils *ausführlich* auf den vorhergehenden Seiten beschrieben.)

Tagesprogramm I

Anregungen für das Sehen
Lassen Sie es alleine mit den Fingern essen und anfangen, einen Löffel zu benutzen.
Lassen Sie es sich selbst an- und ausziehen.

Anregungen für das Hören
Lassen Sie es dem Ticken einer Uhr lauschen.

Anregungen für den Geruchssinn
Lassen Sie es an verschiedenen Dingen riechen.

Anregungen für das Nachahmen
Streichen Sie über die Oberfläche eines Tisches.
Trommeln Sie mit den Fingern auf den Tisch.
Ziehen Sie an Ihrem Ohrläppchen.

Vorstellungskraft und Rollenspiel
Zeigen Sie ihm, wie man vorgibt, mit etwas zu spielen (es wird das schon bald nachmachen): in Töpfen rühren, mit anderen «Vater, Mutter und Kind» spielen.

Selbstbewußtsein
Lassen Sie es auf Ihre Augen zeigen.
Lassen Sie es auf seine eigenen Augen zeigen.

Räumliche Vorstellung
Halten Sie ihm eine Illustrierte verkehrt herum hin.

Aufgaben lösen
Verdecken Sie ein Spielzeug, wenn es danach greift.
Verdecken Sie das Spielzeug und seine Hand, wenn es nach dem Spielzeug greift.

Sprachfähigkeit
Lassen Sie es Dinge berühren, deren Namen Sie nennen.
Fordern Sie es auf, irgend etwas zu tun.

Tagesprogramm II

Anregungen für das Sehen
Spielen Sie «Wo ist das Baby?»
Kullern Sie ihm einen Ball zu.

Anregungen für das Hören
Treten Sie mit durchgedrückten Knien im Takt des Tickens einer Uhr von einem Bein auf das andere.

Anregungen für das Nachahmen
Öffnen und schließen Sie Ihre Hand.
Beugen Sie Ihren Zeigefinger.

Selbstbewußtsein
Wenn Sie sich zusammen das Bild eines Hundes ansehen,
lassen Sie Ihr Kind auf die Augen des Hundes zeigen.
Fordern Sie es dann auf, auf seine eigenen Augen zu zeigen.

Aufgaben lösen
Bedecken Sie ein auf dem Fußboden liegendes Spielzeug,
wenn Ihr Kind danach greift.
Verstecken Sie ein Spielzeug abwechselnd unter einem von
zwei Tüchern, und lassen Sie Ihr Kind danach suchen.

Sprachfähigkeit
Fordern Sie es auf, irgend etwas zu tun.
Üben Sie das «Bitte-und-Danke»-Spiel.

Tagesprogramm III

Anregungen für das Sehen
Werfen Sie ihm einen Ball zu.
Lassen Sie es einen Lastwagen be- und entladen.

Anregungen für das Hören
Klopfen Sie auf ein Schlaginstrument.

Anregungen für das Nachahmen
Blinzeln Sie mit den Augen.
Berühren Sie Ihr Kinn mit Ihren Fingern.

Selbstbewußtsein
Lassen Sie es die Zähne zeigen, wenn es in den Spiegel
schaut.

Räumliche Vorstellung
Drehen Sie ein Spielzeug um, wenn Ihr Kind danach greift.

Aufgaben lösen
Verstecken Sie ein Spielzeug unter zwei verschiedenen Tüchern oder Decken.
Verstecken Sie ein Spielzeug abwechselnd unter drei verschiedenen Tüchern oder Decken.

Sprachfähigkeit
Zeigen Sie ihm einen Gegenstand und dessen auf eine Tüte
geklebtes Bild; nun soll es den Gegenstand in die Tüte
legen.

Tagesprogramm IV

Anregungen für das Sehen
Lassen Sie es dem Vater helfen, indem es ihm die jeweils
benötigten Werkzeuge reicht.
Lassen Sie es eine Schachtel vor sich herschieben, während
es auf dem Fußboden kriecht.

Anregungen für das Hören
Geben Sie ihm ein Spielzeugxylophon.

Anregungen für den Geruchssinn
Lassen Sie es an verschiedenen Dingen riechen.

Anregungen für das Nachahmen
Öffnen und schließen Sie Ihren Mund mit einem
Schmatzen.
Blinzeln Sie mit den Augen.

Selbstbewußtsein
Lassen Sie es in den Spiegel schauen, wenn es einen lustigen
Hut trägt.

Räumliche Vorstellung
Leeren Sie eine Tasse, in der kleine Spielsachen sind, indem
Sie die Tasse ausschütten.

Aufgaben lösen
Verstecken Sie ein Spielzeug in Ihrer Hand oder einer
Schachtel.
Lassen Sie es an einem Kissen ziehen, damit es an ein
Spielzeug herankommt.

Sprachfähigkeit
Zeigen Sie ihm ein Bilderbuch über Tiere und Tierbabies.

Tagesprogramm V

Anregungen für das Sehen
Lassen Sie es eine Murmel auf einer Bahn herunterrollen.

Anregungen für das Hören
Geben Sie ihm ein Schlaginstrument.

Anregungen für das Nachahmen
Berühren Sie Ihr Kinn mit Ihrem Zeigefinger.
Ziehen Sie die Nase kraus.
Lassen Sie es beim Bettenmachen helfen.

Selbstbewußtsein
Fragen Sie: «Wer ist das?», wenn es sein Spiegelbild sieht.

Räumliche Vorstellung
Hängen Sie etwas auf einen Haken.

Aufgaben lösen
Halten Sie ein Spielzeug über ein Kissen.

Sprachfähigkeit
Regen Sie es zum Babbeln an, indem Sie es nachahmen.
Erklären Sie ihm bestimmte Worte durch Ihr Tun.

Tagesprogramm VI

Anregungen für das Sehen
Werfen Sie einen Gummiball durch einen Ring.
Tun Sie Reiskörner in eine kleine Flasche.

Anregungen für das Hören
Geben Sie ihm bestimmte Anweisungen.
Geben Sie ihm Schlaginstrumente.

Anregungen für das Nachahmen
Schlagen Sie auf Ihre Knie.
Blasen Sie Kerzen aus.

Vorstellungskraft und Rollenspiel
Lassen Sie es eine bestimmte Tätigkeit nur spielen, nicht ausführen.

Selbstbewußtsein
Lassen Sie es vor einem Spiegel essen.
Zeigen Sie auf Ihr Kind und fragen: «Wer ist das?»

Räumliche Vorstellung
Schütten Sie kleine Spielsachen aus einer Tasse.

Aufgaben lösen
Es soll ein Spielzeug an einem Band herunterlassen.
Es soll dieses Spielzeug wieder hinaufziehen.

Sprachfähigkeit
Formulieren Sie Ihr Tun mit einfachen Worten.
Lehren Sie es anfangs nur die wesentlichen Worte.

4. Vom Tapsen zum Laufen

15. bis 20. Monat

Die in diesem Kapitel vorgeschlagenen Übungen sind für das Alter bestimmt, wenn das Kind zu laufen anfängt. Dieses Kapitel behandelt einen längeren Zeitraum als die vorhergehenden. Die Entwicklung des Kindes schreitet jetzt langsamer voran als im ersten Lebensjahr.

Auch wenn das Kind schon laufen kann, ist es darin noch nicht ganz sicher; es läuft mit gespreizten, steifen Beinen.

Es wird jetzt immer selbständiger. Es zieht sich selbst seine Schuhe, Mütze und Handschuhe aus und kann sogar einen Reißverschluß öffnen. Es wirft gerne Spielsachen aus seinem Laufställchen heraus. Sie sollten die herausgeworfenen Spielsachen liegenlassen und sie ihm nicht immer wiedergeben. Es erkennt dann bald, daß das Herauswerfen zwecklos ist und ihm keine Vorteile bringt. Es kann das Werfen mit Bällen oder anderen kleinen Dingen üben, sobald es sie selbst zurückholen kann oder wenn Sie zusammen mit ihm spielen.

Obwohl es sich noch von Ihnen füttern läßt, möchte es seinen eigenen Löffel haben und damit auch mal selber essen. Es kann auch schon ordentlich aus dem Becher trinken.

Es hört kaum noch auf Ihr «Nein!», sondern versucht – vielleicht sogar zornig –, seinen eigenen Kopf durchzusetzen. Wenn Sie dann nachgeben, werden Sie seinen Trotzkopf nur bestärken. Statt dessen sollten Sie unbeeindruckt aus dem Zimmer gehen und sich mit etwas anderem beschäftigen. Denken Sie daran: Sie dürfen nicht ärgerlich werden. Sie wollen ihm ja zeigen, daß Sie durch solch ein Verhalten nicht zu beeindrucken sind; machen Sie nicht viel Worte – gehen Sie einfach weg. Wenn sein Verhalten es nicht befriedigt (Sie zu ärgern, wäre eine Befriedigung), gibt es das bald auf.

In diesem Alter denkt es sich vor dem Schlafengehen allerlei aus, um den Zeitpunkt zum Schlafengehen hinauszuzögern. Sie sollten ihm (etwa zehn Minuten vorher) sagen, daß es nun gleich Zeit ist, ins Bett zu gehen. Sie sollten zusammen die Spielsachen aufräumen und es für das Zubettgehen fertig machen. Es sollte gewaschen werden und seine Mahlzeit erhalten, aufs Töpfchen gesetzt und gewickelt werden. Erzählen Sie ihm noch eine kurze Geschichte, liebkosen es und legen es ins Bett. Wenn es dann noch Wünsche hat – noch etwas trinken, noch einmal aufs Töpfchen oder noch einen Kuß haben möchte –, reagieren Sie darauf nicht; es versteht dann bald, daß Sie nun nicht mehr auf seine Wünsche eingehen. Es darf ruhig noch ein wenig reden oder singen, bis es einschläft. Wenn es nachts einmal aufwacht, laufen Sie nicht gleich zu ihm. Lassen Sie es von selbst wieder einschlafen. Versuchen Sie nicht, es zu beruhigen, indem Sie ihm etwas erzählen, vorsingen o. ä. Es schläft jede Nacht durch – jedoch bestimmt nicht dann, wenn es merkt, daß es seine Eltern wecken kann, damit sie es unterhalten.

Manche Kinder sind in dieser Periode schon sauber. Wenn Ihr Kind noch ins Höschen macht, nachdem Sie es aufs Töpfchen gesetzt haben, nützt es nichts, es länger auf dem Töpfchen sitzen zu lassen. Wenn es nicht aufs Töpfchen gehen möchte, zwingen Sie es nicht dazu. Das heißt, vermeiden Sie Zwang bei der Sauberkeitserziehung. Versuchen Sie, es regelmäßig vor und nach den Mahlzeiten und dem Schlafen aufs Töpfchen zu setzen. Es erzieht sich von allein zur Sauberkeit; Sie dürfen es nur nicht allzu sehr drängen.

Wenn Sie ihm jetzt Papier geben, kritzelt es darauf und versucht, Linien zu ziehen. In diesem Alter darf das Kind schon überallhin. Sie können es zeitweise noch ins Laufställchen setzen – draußen oder drinnen. Man kann auch verlangen, daß es etwa eine Stunde lang allein in seinem Zimmer spielt. Schließen Sie dann die Tür ab. Sonst sollte es im Haus herumtollen und draußen spielen dürfen. Ihr tägliches Übungsprogramm sollte etwa eine Stunde dauern.

In diesem Kapitel führe ich keine Anregungen für das Sehen, Hören und Fühlen mehr auf, da diese Sinne nun voll ausgeprägt sind. Die Übungen haben nun einen größeren Schwierigkeitsgrad.

Fingerfertigkeitsübungen

1. Geben Sie ihm ein Steckspiel mit Plastikperlen zum Ineinanderstecken. Obwohl es schon begreift, daß der Dorn in das Loch gehört, hat es vielleicht noch nicht die Kraft, die Perlen zusammenzustecken. Fangen Sie mit zwei Perlen an, halten Sie seine Hände, sagen «Jetzt drück!» und helfen ihm dabei. Es kann das dann bald selbständig.

2. Modellier- und Knetspiele sind gute Fingerübungen; lassen Sie es die Knetmasse rollen, drücken, pressen, einen Eierkuchen formen oder was ihnen beiden sonst noch einfällt.

3. Das Spiel mit kleinen Autos und Eisenbahnen, die das Kind auf dem Tisch oder dem Fußboden hin- und herschieben kann, ist eine gute Übung für das Zusammenarbeiten seiner Beine und Hände.

4. Ein Lastwagen, den man mit kleinen Dingen be- und entladen kann, eignet sich gut dafür, das Ein- und Ausräumen zu üben.

5. Geben Sie ihm kleine Bausteine, die es aufeinanderstapeln oder mit denen es einen Zug bauen kann.

6. Eine Schachtel mit vielen kleinen Gegenständen beschäftigt es lange Zeit und hilft, seine Fingerfertigkeit zu entwickeln. Am besten ist es, wenn Sie selbst eine Schachtel mit verschiedenen Gegenständen füllen.

7. Geben Sie ihm ein Spieltelefon.

8. Kaufen Sie ihm ein Nagelspiel, das ausgezeichnete Trainingsmöglichkeiten für die Arm- und Handmuskulatur bietet.

9. Geben Sie ihm ein Spielzeug, daß Tierlaute wiedergibt, wenn das Kind an einer Schnur zieht. Dann soll es sagen, was es hört.

10. Lassen Sie es verschiedene Materialien anfassen, z. B. Stoffarten, Sandpapier usw.

11. Lassen Sie es Sachen mit Druckknöpfen und Reißverschlüssen öffnen und schließen.

12. Lassen Sie es Perlen auffädeln; geben Sie ihm anfangs große Perlen, später kleinere.

Muskeltraining

1. Die Entwicklung der Muskeln wird durch ganz natürliche Bewegungen erreicht, wie Gehen, Laufen, Klettern, Dinge tragen. Es sollte tagsüber genügend Zeit haben, um drinnen und draußen herumzutollen.

2. Ein Laufgerät (s. Abb.) erleichtert ihm das Laufenlernen. Später kann es das dazu benutzen, Spielsachen und Bausteine zu transportieren.

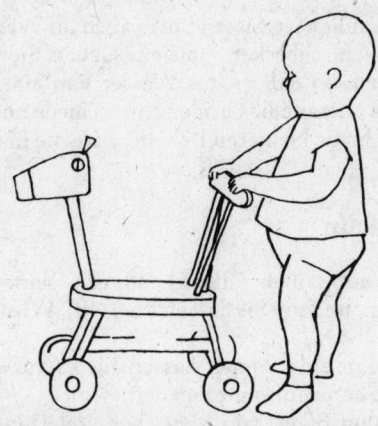

3. Es hat Freude an jedem Spielzeug, das es ziehen oder schieben kann.

4. Geben Sie ihm große Bausteine (aus Schaumgummi, Pappe oder Holz), die es übereinanderstapeln und mit denen es bauen kann.

5. Ermuntern Sie Ihr Kind, verhältnismäßig schwere Gegenstände – Stühle oder große Kästen – zu schieben.

6. Sobald es laufen kann, macht ihm das Fangenspielen Spaß: Sie müssen es fangen, und es fängt Sie.

7. Machen Sie Ballspiele mit Ihrem Kind, so daß es das Werfen lernt. Das Auffangen des Balles bereitet ihm noch Schwierigkeiten.

8. Lassen Sie es unter und zwischen Möbeln kriechen, um «verlorene» Spielsachen zu suchen.

9. Bei gutem Wetter spielt es lieber draußen. Es kann jedoch täglich eine Zeitlang immer noch im Laufställchen spielen oder im Kinderzimmer, wenn Sie ein Gitter an der Türöffnung befestigen.

10. Wenn es draußen ist, lassen Sie es auch im Wasser, wenn möglich in einem Plastikplanschbecken, spielen. Geben Sie ihm Behälter verschiedener Größen, so daß es das Wasser von einem in den anderen schütten kann. Es erkennt die Größenunterschiede noch nicht und schüttet soviel Wasser in die kleineren Behälter, daß sie überlaufen.

Selbstbewußtsein

1. Lassen Sie es auf seinen Fuß, Ellenbogen, seine Hand und andere Körperteile zeigen, und tun Sie dasselbe bei sich. Wiederholen Sie das vor einem Spiegel.

2. Geben Sie ihm eine Puppe. Lassen Sie es auf die Körperteile der Puppe zeigen und dann auf seine eigenen.

3. Zeigen Sie ihm Bilder von Menschen und Tieren und fragen nach den Bezeichnungen der einzelnen Körperteile.

4. Zeigen Sie auf Ihr Kind und fragen es nach seinem Namen. Sagen Sie ihm seinen Namen und lassen es diesen nachsprechen. Das bedarf einiger Übung. Nennen Sie seinen Kosenamen, wenn es ihm so leichter fällt.

5. Deuten Sie auf sich selbst und fragen: «Wer ist das?» Geben Sie ihm die Antwort und lassen es diese wiederholen. Zeigen Sie auf Ihr Kind und

fragen: «Wer ist das?» Nennt es Ihnen seinen Namen?

6. Es erkennt im Laufe der Zeit, daß bestimmte Dinge paarweise vorhanden sind. Wenn Sie Ihr Kind baden, fragen Sie es: «Wo ist dein Knie?» und dann: «Wo ist dein anderes Knie?» Machen Sie diese Übung auch entsprechend mit Fragen nach seinen Armen, Beinen und Augen.

7. Sie sollten ihm so oft wie möglich erlauben, im Familienkreis zu essen, damit es sich als Teil der Familie fühlt. Geben Sie ihm einen Löffel zum Hantieren, obwohl es immer noch besser mit den Fingern essen kann.

Sie sollten dann auf keinen Fall zornig werden, wenn es sich dabei noch bekleckert.

Nachahmen

1. Zeigen Sie ihm Bilder, die es zur Nachahmung der dargestellten Motive anregen.

2. Lassen Sie es beim Tischdecken helfen.

3. Lassen Sie es beim Geschirrabtrocknen helfen.

4. Geben Sie ihm einen kleinen Besen und lassen es beim Kehren helfen.

5. Lächeln Sie, damit es auch lächelt.

Vorstellungskraft

1. Geben Sie ihm Puppen und Stofftiere, Töpfe, Pfannen, Spielgeschirr und ähnliche Dinge. Es soll damit angeregt werden, sich vorzustellen, daß es sein Baby versorgt oder mit einem Spielgefährten ißt.

2. Spielen Sie mit ihm auf dem Fußboden und tun so, als seien sie Tiere: Hunde, Pferde, Katzen, Kühe usw. Kriechen Sie auf allen vieren und imitieren die verschiedenen Tierlaute.

3. Beim Autofahren darf es den Fahrer nachmachen.

Zeitgefühl

Das Neugeborene wird aufgeregt, wenn es Hunger hat oder sich irgendwie unwohl fühlt und warten muß. So erfährt es zum erstenmal, was Zeit bedeutet. Bevor es das Sprechen erlernt, hat es schon geduldig zu warten gelernt, wenn die Mutter z. B. sagt: «Warte einen Augenblick.» Es begreift, daß das «Mami kommt gleich» bedeutet.

Sie können Ihrem Kind viel leichter ein Gefühl für Zeit vermitteln, wenn Ihr Haushalt geregelt abläuft. Das Kind versteht bald, was «Zeit aufzustehen», «Frühstückszeit», «Zeit zum Spielen», «Zeit fürs Mittagsschläfchen», «Jetzt wird Papa gleich nach Hause kommen» bedeutet. Da jeder Tag ähnlich dem vorhergehenden verläuft, bekommt es ein Gefühl für Zeitabläufe. Das soll nicht bedeuten, daß Sie jeden Tag zur gleichen Zeit das gleiche tun müssen. Wenn Sie einen festen Stundenplan aufgestellt haben und mit Ihrem Kind immer zu einer bestimmten Tageszeit «arbeiten», weiß es bald selbst, wann es Zeit für die Übungen ist. Es entwickelt ein «Zeitgefühl».

1. Gebrauchen Sie Worte wie «nachdem», «jetzt», «nachher», so daß es lernt, was Vergangenheit und Zukunft ist. «Nachdem du deine Milch getrunken hast, darfst du den Kuchen essen.» – «Bevor wir mit dem Auto wegfahren, mußt du noch ein wenig schlafen.» – «Jetzt können wir spazierengehen.»

2. Wenn es Sie um etwas bittet und Sie sind gerade beschäftigt, sagen Sie: «Warte einen Augenblick» oder «gleich». Es lernt so diese Zeitbegriffe und auch das Warten.

3. Sagen Sie ihm, wann es Zeit zum Essen, Baden, Schlafen usw. ist.

Das Lösen von gestellten Aufgaben

Setzen Sie sich auf den Teppich, so daß jedes Geräusch vermieden wird.

1. Legen Sie ein weißes, ein graues und ein braunes Tuch vor das Kind und lassen etwas Platz zwischen den einzelnen Tüchern. Nehmen Sie ein Spielzeug in die Hand, so, daß es noch ein Stückchen davon sehen kann, und führen Sie es unter den Tüchern entlang. Es sollte Ihre Hand zwischen den einzelnen Tüchern auftauchen sehen. Lassen Sie das Spielzeug unter dem letzten Tuch liegen. Nun soll das Kind sagen, wo sich das Spielzeug befindet. Machen Sie diese Übung ein paarmal und legen das Spielzeug jedesmal unter ein anderes Tuch.

2. Legen Sie das Spielzeug vor Ihr Kind und bedecken es zuerst mit dem weißen, dann mit dem grauen und zuletzt mit dem braunen Tuch. Legen Sie die Tücher so übereinander, daß es sie nicht alle auf einmal hochheben kann. Beobachten Sie seine Reaktion, wenn es unter dem obersten Tuch nicht das Spielzeug, sondern noch ein Tuch findet. Sucht es, bis es das Spielzeug gefunden hat?

3. Nehmen Sie ein kleines Spielzeug in die Hand und legen dieses unter ein undurchsichtiges weißes Tuch, während Ihr Kind Ihnen zusieht. Lassen Sie das Spielzeug unter dem Tuch, ziehen Sie die Hand hervor und zeigen Ihrem Kind die geschlossene Hand. Wenn es Ihre Hand nicht selbst öffnet, zeigen Sie ihm, daß das Spielzeug nicht mehr darin ist. Sieht es unter dem Tuch nach? Wiederholen Sie diese Übung

mehrmals.

4. Legen Sie das graue Tuch neben das weiße. Zeigen Sie ihm das Spielzeug in Ihrer Hand, und legen Sie sie unter das graue Tuch. Lassen Sie das Spielzeug dort und zeigen ihm Ihre geschlossene Hand. Sucht es das Spielzeug in Ihrer Hand oder unter dem grauen Tuch? Machen Sie das ein paarmal.

5. Verstecken Sie das Spielzeug erst in Ihrer Hand und dann entweder unter dem weißen oder dem grauen Tuch, immer abwechselnd. Machen Sie das etwa fünfmal. Sucht es unter dem richtigen Tuch?

6. Legen Sie zu dem weißen und dem grauen Tuch das braune. Verstecken Sie das Spielzeug in Ihrer Hand und dann etwa fünf- bis sechsmal abwechselnd unter den drei Tüchern. Sieht es jedesmal unter dem richtigen Tuch nach?

7. Verstecken Sie ein Spielzeug in Ihrer Hand, so daß Ihr Kind es nicht sehen kann. Führen Sie Ihre Hand unter allen Tüchern hindurch, und lassen Sie das Spielzeug unter dem letzten liegen. Machen Sie das ein paarmal, mal von rechts nach links, mal von links nach rechts, so daß das Spielzeug immer unter einem anderen Tuch liegt.

8. Nehmen Sie das Spielzeug in die Hand und führen es unter den drei Tüchern hindurch. Verstecken Sie es dieses Mal jedoch unter dem ersten. Sieht es jetzt unter dem ersten oder unter dem letzten Tuch nach (wie es das vom vorhergehenden Spiel gewöhnt war), dann unter dem danebenliegenden und erst zum Schluß unter dem ersten?

9. Zeigen Sie ihm ein Spielzeug, während es auf einem Stuhl sitzt. Legen Sie das Spielzeug außerhalb seiner Reichweite auf den Tisch. In der Nähe seiner Hand legen Sie einen Stock, der so lang ist, daß es damit das Spielzeug erreichen kann. Sagen Sie ihm, daß es sich das Spielzeug holen soll; zeigen Sie ihm, wie der Stock zu gebrauchen ist, indem Sie das Spielzeug damit ein paarmal hin- und herschieben. Machen Sie die Übung noch einmal. Weiß es nun, was zu tun ist?

10. Ihr Kind sitzt auf einem hohen Stuhl an einem großen Tisch. Legen Sie darauf zwei flache Kissen oder Polster außerhalb seiner Reichweite. Befestigen Sie je eine Schnur an jedem Kissen und geben ihm beide in die Hand. Zeigen Sie ihm ein liebgewordenes Spielzeug, und legen Sie dieses auf eines der Kissen. Sagen Sie ihm, es soll das Spielzeug zu sich heranholen. Wenn es nicht an der richtigen Schnur zieht, zeigen Sie ihm, wie man es macht.

11. Legen Sie dann das Spielzeug zwischen die beiden Kissen. Merkt es, daß es das Spielzeug durch Ziehen an den Schnüren nicht zu sich heranholen kann?

12. Legen Sie ein Spielzeug in eine kleine Schachtel, und schließen Sie den Deckel. Legen Sie die verschlossene Schachtel in eine größere und schließen deren Deckel ebenfalls. Nun soll Ihr Kind das Spielzeug suchen.

Machen Sie das mehrmals.

13. Legen Sie eine kleine leere Schachtel mit geschlossenem Deckel in eine größere; schließen Sie den Deckel. Geben Sie ihm die Schachteln. Erinnert es sich, daß kein Spielzeug in den beiden Schachteln ist? In jedem Fall kann es die Schachteln auseinandernehmen.

14. Legen Sie ein Spielzeug in eine kleine Schachtel und schließen den Deckel. Legen Sie die geschlossene Schachtel in eine zweite und diese in eine dritte, noch größere, und schließen Sie deren Deckel. Nun soll Ihr Kind das Spielzeug suchen.

15. Machen Sie wieder die Übung mit den drei Schachteln, aber ohne ein Spielzeug hineinzulegen. Erinnert Ihr Kind sich, daß Sie kein Spielzeug hineingelegt haben?

16. Bohren Sie ein Loch von 4 cm Durchmesser durch einen ca. 12 × 12 × 30 cm großen Holzblock. Legen Sie ein Spielzeug in eine Öffnung des Loches, und schieben Sie es mit einem Stock (ca. 60 cm lang und 1 cm Durchmesser) hindurch. Sagen Sie Ihrem Kind, es soll an der anderen Seite auf das Spielzeug warten. Zeigen Sie ihm noch einmal, wie es gemacht wird. Dann legen Sie das Spielzeug wieder in eine Öffnung des «Tunnels» und geben Ihrem Kind den Stock. Nun soll es sich das Spielzeug mit Hilfe des Stockes beschaffen.

17. Zeigen Sie ihm, wie man drei Becher ineinandersteckt. Stellen Sie die Becher vor Ihr Kind. Es soll nun selbst versuchen, die Becher richtig ineinanderzusetzen. Das wird einiger Übung bedürfen; die Becher müssen gut ineinander passen. Geben Sie ihm anfangs Becher, deren Größenunterschiede offensichtlich sind.

18. Stecken Sie ein kleines Stück Kandiszucker in eine kleine Plastikflasche. Der Flaschenhals muß so eng sein, daß das Kind den Zucker nicht
mit der Hand herausholen kann. Stellt es die Flasche auf den Kopf, um an
den Zucker zu gelangen? Wenn nicht, zeigen Sie ihm, wie man es
machen muß.

19. Legen Sie eine ca. 40 cm lange Halskette und einen Plastikbecher
vor Ihr Kind. Versucht es, die Kette in den Becher zu stecken? Wenn
nicht, nehmen Sie ihm die Sachen weg und stecken die Kette hinter
seinem Rücken in den Becher. Geben Sie ihm den Becher, so daß es die
Kette darin sehen kann. Nehmen Sie die Kette heraus und geben ihm
beides. Versucht es jetzt, die Kette in den Becher zu stecken? Wenn es das
noch nicht schafft, zeigen Sie ihm, wie man die Kette erst zusammenrol-
len oder hineingleiten lassen kann.

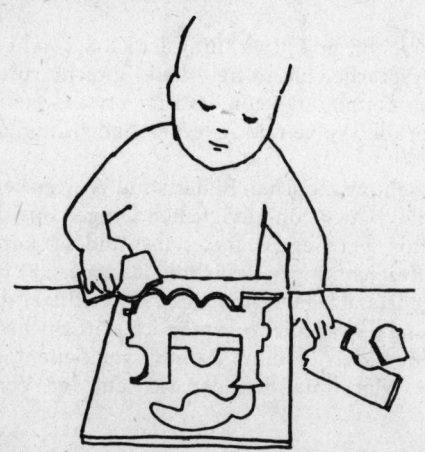

20. Es ist schon in der Lage, einige geometrische Körper in dafür ausgesparte Öffnungen zu setzen. Am leichtesten geht das mit Zylindern oder Würfeln.

21. Es kann sicher schon drei- oder vierteilige Puzzlespiele zusammensetzen. Sie können ihm anfangs dabei helfen. Sagen Sie: «Dreh das Teil andersherum» oder «Versuch es mit dem anderen Teil». Sie können es ihm ein paarmal zeigen, bis Ihr Kind es begriffen hat.

22. Ziehen Sie ihm einen roten Strumpf an. Zeigen Sie ihm einen roten und einen gelben Strumpf und fragen: «Welcher paßt zu dem, den du anhast?» Es lernt so, Farben zu vergleichen. Machen Sie diese Übung auch mit verschiedenen andersfarbigen Strümpfen. Wenn es die Farben unterscheiden kann, nennen Sie ihm deren Namen.

Sprachfähigkeit

Die Eltern sollten sich in dieser Zeit einer einfachen Ausdrucksweise bedienen; so kann das Kind seinen Wortschatz am ehesten erweitern. Die Eltern können dem Kind als «Wörterbuch» dienen. Wenn es Sie nach der Bezeichnung für irgend etwas fragt, sollten Sie ihm den Namen sagen und eine einfache Erklärung dazu geben. Wenn es z. B. sieht, wie der Hund aus der Schüssel trinkt, und sagt: «Becher», können Sie ihm erklären: «Nein, Thomas trinkt aus einem Becher. Der Hund trinkt aus einer Schüssel.» Dann sagen Sie: «Wie nennt man das?» – «Ja, eine Schüssel.» Vielleicht hat es das schon wieder vergessen; dann sagen Sie ihm den Namen einfach noch einmal. Es wird ihn dann bald behalten. Man kann ihm auch die Bezeichnungen für das, was um es herum geschieht, geben. Wenn es z. B. sieht, wie Sie Toast zubereiten, und sagt: «Toast», wenn das Brot in die Höhe schnellt, können Sie antworten: «Ja, der Toast ist fertig.»

Am Anfang der sprachlichen Entwicklung des Kindes steht erst einmal die sogenannte Babysprache. Sie sollten diese Sprache ruhig fördern, jedoch nur bis zu dem Zeitpunkt, wenn das Kind etwa zweieinhalb Jahre alt ist. Dann sollte es alle Worte richtig lernen und richtig aussprechen können.

1. Um ihm die Beziehung zwischen Bildern und Worten begreiflich zu machen, schneiden Sie Bilder von alltäglichen Dingen aus Illustrierten heraus. Zeigen Sie ihm den Gegenstand selbst und das entsprechende Bild, sagen ihm die Bezeichnungen dafür und lassen es das Bild zu dem entsprechenden Gegenstand legen. Die ausgewählten Bilder sollten deutlich und dem Gegenstand so ähnlich wie möglich sein. Suchen Sie Bilder von einem Löffel, einem Becher, einer Zahnbürste, Seife und von Nahrungsmitteln heraus. Manchmal befinden sich auf den Verpackungen

Bilder, die Sie gebrauchen können. Es ist ratsam, das Bild in eine Schachtel zu legen oder auf eine Papiertüte zu kleben. Es kann dann den Löffel z. B. leichter in die entsprechende Schachtel legen, wenn dessen Bild darin liegt. Sagen Sie ihm: «Leg die Seife in die Seifendose.» Es kann dann das Händewaschen mit Seife spielen. Wenn diese Übungen zu schwierig sind oder Ihr Kind keine Freude daran hat, hören Sie auf damit und versuchen es in ein paar Wochen noch einmal. Zwingen Sie Ihr Kind nicht.

2. Geben Sie ihm einen Gegenstand und *zwei* Bilder, so daß es das richtige Bild auswählen muß. Geben Sie ihm z. B. eine Banane und je eine Tüte mit dem Bild einer Banane und einer Orange. Sagen Sie ihm: «Stecke die Banane in die richtige Tüte.» Wenn es das richtig gemacht hat, geben Sie ihm einen Gegenstand und drei Bilder.

3. Geben Sie ihm eine Banane und einen Apfel und je ein Bild von diesen. Sagen Sie ihm: «Stecke die Banane in die richtige Tüte.» Wenn es das getan hat, sagen Sie: «Nun stecke den Apfel in seine Tüte.» Später können Sie diese Übung auch mit drei Gegenständen und drei Bildern machen.

4. Um seinen Lerneifer anzuregen, legen Sie ein Sammelalbum an. Schneiden Sie aus Illustrierten Bilder von alltäglichen Dingen aus. Fragen Sie Ihr Kind nach ihren Namen. Wenn es den richtigen Namen nennt, geben Sie ihm das Bild. Das Kind kann es in sein Sammelalbum kleben. Helfen Sie ihm dabei, aber machen Sie es nicht selbst. Falls es noch nicht sprechen kann, nehmen Sie zwei Bilder und nennen den Namen des einen. Ihr Kind soll auf das genannte Bild zeigen. (Zeigen Sie ihm z. B. die Bilder eines Autos und eines Stuhls und sagen: «Zeige mir das Auto.» Wenn es auf das Auto zeigt, kann es das Bild in sein Album kleben. Wenn es nicht auf das Auto zeigt, geben Sie ihm das Bild nicht. Das Kind soll das Wort lernen und nicht das Einkleben.) Wenn Ihr Kind weder den richtigen Namen sagen, noch auf das richtige Bild zeigen kann, ist es noch nicht reif für diese Aufgabe; versuchen Sie es zu einem späteren Zeitpunkt noch einmal.

5. Zeigen Sie ihm aus Illustrierten herausgeschnittene Bilder, Bilder in Büchern oder Zeitschriften und fragen: «Was ist das?» oder: «Wie nennt man das?» Wenn es Ihre Frage nicht beantworten kann, sagen Sie ihm den Namen, aber lassen Sie ihm erst ein wenig Zeit zum Nachdenken.

6. Geben Sie ihm Anweisungen: «Füttere deine Puppe, sie ist hungrig.» – «Bring Mami ihre Schuhe.» Achten Sie darauf, daß Ihr Kind diese Aufgaben als Spiel betrachtet.

7. Lassen Sie Ihr Kind auf einige Körperteile zeigen: Kopf, Nase, Augen, Mund, Nacken, Knie, Arme, Füße, Zehen, Finger, Fingernägel, Bauchnabel.

8. Während des Badens sagen Sie ihm: «Wasch dir deine Hände»,

«Wasch deine Knie», «Wasch mal deine Puppe». Denken Sie daran, es soll Ihrem Kind Spaß machen.

9. Beschreiben Sie mit einfachen Worten, was in Ihrer Umgebung geschieht. Wenn es z. B. einen Hund laufen sieht, sagen Sie «Der Hund läuft». Ist der Hund weggelaufen, sagen Sie: «Der Hund ist weg.» Bald kann es das auch sagen.

10. Erklären Sie Ihrem Kind, daß es für alles, was Sie beiden tun, eine Bezeichnung gibt. «Thomas wirft den Ball», «Mama kocht das Essen», «Papa schlägt einen Nagel in die Wand», «Du zerreißt das Papier», «Du spielst mit deiner Puppe».

11. Zeigt es auf etwas, als wollte es fragen, was das ist, sagen Sie es ihm.

12. Erklären Sie ihm, daß die Sprache auch Stimmungen und Gefühle ausdrücken kann. Sie können ihm das durch lautes und leises Sprechen bzw. durch sanfte oder härtere Tonarten klarmachen.

13. Beim Essen versteht es, wenn Sie sagen: «Mehr», «Nicht mehr», «Genug»; es spricht das sicher bald nach.

14. Es kann auch schon verschiedene Bezeichnungen für seine Mitmenschen lernen. Anfangs hat es bei jeder Frau, die es sah, «Mama» gesagt oder «Papa» bei einem Mann; nun kann es Worte wie «Frau», «Herr», «Junge», «Mädchen» lernen.

15. Hat es einmal zu sprechen angefangen, erinnert es sich nicht immer an alle Worte, die es am Tag zuvor gewußt hat. Wiederholen Sie mit ihm noch einmal diese Worte. Wundern Sie sich nicht, wenn es noch ein Kauderwelsch spricht.

16. Wenn Sie ihm eine Geschichte mehrmals vorlesen, kann es die bald auswendig und macht Sie darauf aufmerksam, wenn Sie eine Seite überspringen.

17. Nennen Sie ihm einige Zahlwörter. Es kann noch nicht zählen, aber das Lernen der Zahlen macht ihm sicher Spaß. Nennen Sie ihm weitere Zahlen, wenn es diese behalten kann.

Tages-Lehrprogramme

15. bis 20. Monat

(Die folgenden Übungen sind größtenteils *ausführlich* auf den vorhergehenden Seiten beschrieben.)

Tagesprogramm I

Muskeltraining und Fingerfertigkeit
Perlen auffädeln.
Kleine Autos schieben.
Spielzeug ziehen.
Laufgerät.

Selbstbewußtsein
Auf Körperteile zeigen.

Vorstellungskraft
Spielen mit der Puppe.

Zeitgefühl
«Vorher» und «nachher».

Aufgaben lösen
Spielzeug unter eines von drei Tüchern legen.
Spielzeug mit drei Tüchern bedecken.
Flasche umdrehen, um an den Zucker zu gelangen.

Sprachfähigkeit
Ein Gegenstand und ein Bild.
Zwei Gegenstände und zwei Bilder.
Gebrauch von Tätigkeitswörtern.

Tagesprogramm II

Muskeltraining und Fingerfertigkeit
Perlen auffädeln.
Spielautos be- und entladen.
Spiel mit Knetmasse.
Spiel mit großen Bausteinen.
Spiel im Freien.

Selbstbewußtsein
Auf Körperteile der Puppe und bei sich selbst zeigen.

Vorstellungskraft
Nachahmen der auf Bildern dargestellten Motive.

Zeitgefühl
«Vorher» und «nachher».
«Zeit zum Essen»; «Zeit zum . . .»

Aufgaben lösen
Spielzeug in Ihrer Hand verstecken (1 Tuch).
Spielzeug in Ihrer Hand verstecken (2 Tücher).
Spielzeug in Ihrer Hand verstecken (3 Tücher).

Sprachfähigkeit
Sammelalbum.
Bilder benennen.
Anweisungen geben.
Zahlwörter nennen.

Tagesprogramm III

Muskeltraining und Fingerfertigkeit
Formen- und Figuren-Spiel.
Spieltelefon.
Spiel drinnen und draußen.
Fangen spielen.

Selbstbewußtsein
Auf Körperteile zeigen.

Zeigen Sie auf sich selbst und auf Ihr Kind.

Nachahmen
Tischdecken.

Vorstellungskraft
Tiere nachahmen.

Zeitgefühl
«Nur einen Augenblick».

Aufgaben lösen
Schieben Sie ein Spielzeug in Ihrer Hand unter drei Tücher.
Spielzeug mit einem Stock heranholen.

Sprachfähigkeit
Sammelalbum.
Anweisungen geben.
Handlungen beschreiben.
«Mehr», «Nicht mehr».

Tagesprogramm IV

Muskeltraining und Fingerfertigkeit
Ballspielen.
Stuhl schieben.

Selbstbewußtsein
«Wo ist dein Knie?», «Und das andere?»

Nachahmen
Nachahmen der auf Bildern dargestellten Motive.

Vorstellungskraft
Autofahrer spielen.

Zeitgefühl
«Zeit zum . . .»

Aufgaben lösen
Spielzeug auf Kissen mit daran befestigtem Band legen.

Spielzeug zwischen zwei Kissen legen.

Sprachfähigkeit
Sagen Sie ihm das Wort, das es wissen will, wenn es auf
etwas zeigt.
«Mama», «Frau», «Mädchen».
«Eins, zwei, drei».

Tagesprogramm V

Muskeltraining und Fingerfertigkeit
Perlen auffädeln.
Zwischen und unter Möbel kriechen.
Spiel mit großen Bausteinen.

Selbstbewußtsein
Auf Körperteile zeigen.
Im Familienkreis essen.

Nachahmen
Nachahmen der auf Bildern dargestellten Motive.
Gemeinsames Geschirrabtrocknen.

Vorstellungskraft
Tiere nachahmen.

Zeitgefühl
«Zeit zum . . .»
«Noch einen Augenblick».

Aufgaben lösen
Etwas durch ein Loch schieben.
Formen- und Figuren-Spiel.

Sprachfähigkeit
Geschichte vorlesen.
Zählen.
Tätigkeitswörter nennen.

Tagesprogramm VI

Muskeltraining und Fingerfertigkeit
Perlen auffädeln.
Kleine Bausteine aufeinanderstapeln.
Nagelspiel.
Spiel mit Wasser.
Fangen spielen.

Selbstbewußtsein
Körperteile benennen.

Nachahmen
Mit kleinem Besen kehren lassen.

Vorstellungskraft
Spiel mit Puppe.

Zeitgefühl
«Vorher» und «nachher».

Aufgaben lösen
Spielzeug in Schachtel stecken und dann beides in größere
Schachtel tun.
Geschlossene Schachtel ohne Spielzeug in größere Schach-
tel legen.

Sprachfähigkeit
Sammelalbum.
Bilder benennen.
Tätigkeitswörter nennen.

21. bis 29. Monat

Das Kind kann nun besser laufen, ohne hinzufallen; aber es fällt ihm noch nicht ganz leicht, um eine Ecke zu laufen oder sein Tempo zu verlangsamen. Es kann sich teilweise alleine an- und ausziehen, aber es kann passieren, daß es beide Beine in ein Hosenbein steckt. Es kann mit zwei oder drei Worten einen kurzen Satz bilden. Es passiert ihm nicht mehr, daß es den Löffel auf dem Weg zum Mund umdreht. Es schiebt gern seinen eigenen Kinderwagen, und es klettert gern; besonders gern tobt und rangelt es mit seinem Vater herum.

Seine Verdauung ist regelmäßig, und man sollte es daran gewöhnen, nach den Mahlzeiten zur Toilette zu gehen. Es fällt ihm leichter, sein Geschäftchen zu erledigen, wenn Sie es dabei allein lassen. Es bleibt wahrscheinlich 1½ bis 2 Stunden lang trocken und möchte tagsüber mehrmals zur Toilette gehen. Wenn es morgens aufwacht, hat es jedoch immer noch nasse Windeln. Einige Fachleute schlagen vor, das Kind um etwa 10 Uhr abends zu wecken und auf die Toilette zu setzen; andere meinen jedoch, man solle es nachts ungestört schlafen lassen, es würde ohnehin nicht mehr ins Höschen machen, wenn es älter wird und sich mehr unter Kontrolle hat. Ich vertrete auch die letztgenannte Ansicht.

Manche Kinder möchten am liebsten immer selbst bestimmen, was gegessen wird. Auch in diesem Fall sollten Sie ihm weiterhin kleine Portionen ausgewogener Mahlzeiten und ab und zu auch seine Lieblingsgerichte geben. Vielleicht ißt es besser, wenn Sie es allein am Tisch sitzen lassen. Wenn die ganze Familie zusammen zu Mittag ißt, lassen Sie es auch dabeisein. Wenn es die Mahlzeiten stört, bringen Sie es ruhig hinaus. Beim nächsten Mal benimmt es sich ordentlich.

Obwohl es sich meistens mit sich selbst beschäftigt, wenn andere Kinder dabei sind, freut es sich doch über ihre Anwesenheit. Kinder dieses Alters spielen gerne in Gesellschaft anderer Kinder, ohne sich jedoch weiter um sie zu kümmern. Es sollte jedoch auch jeden Tag eine Zeitlang alleine spielen; es möchte aber auch einmal mit einem Erwachsenen spielen. Bei den täglichen Übungen sollte es nun möglichst immer an seinem Tisch sitzen; so lernt es, still zu sitzen und längere Zeit konzentriert zu arbeiten.

Fingerfertigkeit

1. Es interessiert sich für technische Anlagen zum Ein- und Ausschalten. Lassen Sie es das Licht ein- und ausschalten, Türen öffnen, den Wasserhahn zum Händewaschen aufdrehen, und geben Sie ihm einige Spielsachen zum Aufziehen. (Spielsachen zum Aufziehen lassen es kausale Zusammenhänge erkennen; durch das Spiel damit dürfen andere Spielsachen jedoch nicht zu kurz kommen, die größere Konzentration erfordern.)

2. Geben Sie ihm Perlen zum Auffädeln. Wenn es das Auffädeln großer Perlen beherrscht, geben Sie ihm kleinere.

3. Es kann jetzt auch Bausteine höher stapeln. Wieviel Bausteine kann es aufeinandersetzen?

4. Auch Puzzlespiele können Sie ihm anbieten. Entmutigen Sie Ihr Kind nicht, indem Sie ihm Puzzlespiele mit zu vielen Einzelteilen geben. Prüfen Sie seine Fähigkeiten; kann es ein dreiteiliges Puzzlespiel zusammensetzen, geben Sie ihm ein vierteiliges usw.

5. Das Zeichnen mit Kreide oder Bleistift, das Malen mit Wachsmalstift, Pinsel und Wasserfarben oder Fingerfarben machen viel Spaß und sind gute Geschicklichkeitsübungen.

Muskeltraining

1. Lassen Sie Ihr Kind draußen und drinnen nach Herzenslust herumtoben, laufen und klettern. Es ist jedoch ratsam, seinem Bewegungsdrang innerhalb der Wohnung Grenzen zu setzen. Wenn Sie beispielsweise nicht wünschen, daß es auf Tischen, Schränken und Stühlen herumklettert, sagen Sie ihm genau, was es tun darf und was nicht. Wenn es Ihre Anweisungen nicht befolgt, lassen Sie es nicht mehr im «Erwachsenen»-Zimmer spielen; erklären Sie ihm, daß es offensichtlich noch nicht alt genug ist, um in diesem Raum ordentlich zu spielen. Nehmen Sie es ruhig in den Arm und bringen es ins Kinderzimmer. Seien Sie freundlich und schimpfen nicht oder reden zuviel; denken Sie daran, Ihr Kind soll lernen, sich an die Hausordnung zu halten.

2. Machen Sie Ballspiele mit ihm. Es fällt ihm nun schon leichter, den Ball zu werfen.

3. Zeigen Sie ihm, wie man «Verstecken» spielt. Sagen Sie ihm, es soll sich hinter einem Möbelstück verstecken, und fragen dann: «Wo ist Thomas?» – «Oh, da ist er ja.» Es fällt dem Kind noch schwer, Sie zu suchen, wenn Sie sich versteckt haben. Es fällt ihm leichter, wenn Sie ein älteres Kind mitspielen lassen, das ihm beim «Finden» helfen kann.

4. Es macht ihm Spaß, seinen Kinderwagen zu schieben und seine Puppen und Stofftiere spazierenzufahren.

5. Zeigen Sie ihm, wie man einen Purzelbaum macht, indem Sie es abrollen lassen. Lassen Sie es allein üben.

6. Zeigen Sie ihm, wie man auf Zehenspitzen geht.

7. Es kann auch schon versuchen, auf einem Bein zu stehen; das Balancieren fällt ihm noch schwer, aber es kann das ja schon einmal versuchen.

8. Es tobt jetzt besonders gerne mit dem Vater oder der Mutter herum.

9. Spielen Sie «Ringelreihe» mit ihm.

10. Lassen Sie Ihr Kind auf eine Kiste oder einen Stuhl klettern, wenn es sich etwas von oben herunterholen möchte. Beim Klettern lernt es die Höhenunterschiede kennen. (Wenn Sie nicht wollen, daß es auf einen bestimmten Gegenstand klettert, erklären Sie es Ihrem Kind. Ist es ungehorsam, bringen Sie es ruhig aus dem Zimmer, damit es lernt, sich an die Hausordnung zu halten.)

11. Ein Spielzeug, auf dem es sitzen, reiten und sich abstoßen kann, macht ihm Freude und kräftigt seine Beinchen.

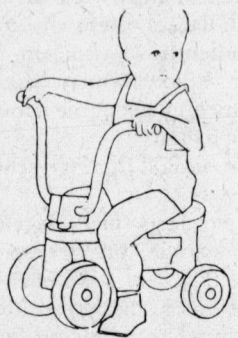

Geruchssinn

Auch das Riechen an verschiedenen Dingen bringt ihm seine Umwelt näher. Füllen Sie folgendes in kleine Gläser: Zimt, Vanille, Schokolade, Pfeffer, Knoblauchpulver, Essig und andere scharfe Gewürze. Lassen Sie es an den geöffneten Gläsern riechen. Fragen Sie, welcher Duft ihm gefällt und welcher nicht. Sie können ihm erklären, was es riecht. Es bedarf jedoch langer Erfahrung, bis es die verschiedenen Gerüche benennen kann.

Selbstbewußtsein

1. Setzen Sie seine Hand oder seinen Fuß auf ein Stück Papier. Ziehen Sie mit Kreide oder einem Filzstift die Umrisse seines Fußes oder seiner Hand nach. Zeigen Sie ihm dieses «Bild», so daß es die Form erkennen kann.

2. Lassen Sie Ihr Kind sich auf ein großes Stück Papier legen. Ziehen Sie die Konturen seines Körpers nach. Befestigen Sie das Bild an einer Wand, und lassen Sie es Ihr Kind mit Buntstiften nach seiner Phantasie ausmalen.

3. Formen Sie aus Ton oder Knetmasse Kopf, Körper, Arme und Beine eines Menschen. Lassen Sie sich von Ihrem Kind beim Zusammensetzen der einzelnen Teile helfen. Während Sie daran arbeiten, erklären Sie ihm, daß der Arm oben an den Körper angefügt werden muß; lassen Sie es in den Spiegel sehen und seine eigenen Arme und Schultern anfassen. Machen Sie das Entsprechende, wenn Sie die Beine anfügen.

4. Basteln Sie eine Puppe aus Filz oder Stoff und legen Sie sie auf eine Filz- oder Stoffunterlage. Schneiden Sie Augen, Nase und Mund aus. Nun soll Ihr Kind auf seine eigenen Augen, seine Nase und seinen Mund zeigen.

5. Schneiden Sie aus einer Illustrierten ein großes Foto eines Menschen aus und kleben es auf einen Pappdeckel. Zerschneiden Sie es in die Körperteile und machen ein Puzzlespiel daraus. Nun soll Ihr Kind es zusammensetzen.

Vorstellungskraft

Bisher hat das Kind viel über sich und seine Umwelt gelernt. Wenn es sich im Spiegel erkannte, seine Körperteile benannte und sie mit Ihren verglich, war es selbst der Mittelpunkt seines Interesses. Sein Selbstbewußtsein wuchs. Jetzt treten die Dinge um es herum, seine Umwelt, mehr in den Mittelpunkt seines Interesses und werden zur Grundlage seiner Vorstellungskraft.

Es liebkost und umarmt seine Puppe, so wie Sie es mit ihm tun. Es versucht, seine Puppe zu füttern, und es kommt Ihnen bestimmt sehr spaßig vor, wenn es die Puppe mit Ihren eigenen Worten und Ausdrükken ausschimpft. Jedes Spielzeug, das die Vorstellungskraft anregt, macht dem Kind Freude und ermuntert es zu schöpferischer Betätigung.

Zeitgefühl

1. Versuchen Sie weiterhin, Ihrem Kind den Begriff «Zeit» begreiflich zu machen. Erinnern Sie es oft an: «Frühstückszeit», «Zeit für Mittagsschlaf», «Zeit für den Unterricht» (Ihr Spielunterricht an seinem Tisch).

2. Verwenden Sie die Worte «vorher», «nachher», «nun», «zuerst», «zuletzt».

3. Es versteht langsam, was «gestern», «heute», «morgen» bedeutet.

4. Obwohl es die Verben hauptsächlich in der Gegenwartsform gebraucht: «Ich mache es jetzt», «Ich gehe jetzt», sind ihm auch bald Vergangenheitsformen verständlich: «Wir gingen»; «Das taten wir gestern».

5. Die Zukunftsformen können auch verwendet werden: «Wir werden gehen»; «Wir werden es tun».

6. Es können auch Worte verwendet werden, die einen langsameren oder schnelleren Zeitablauf beschreiben: «schnell», «langsam», «langsamer», «schneller», «in einer Weile», «warte».

Abschätzen von Gewichten

Lassen Sie es verschiedene Dinge hochheben, so daß es deren Gewicht abschätzen kann: eine Feder, einen Stein, einen Briefbeschwerer, ein Stück Eisen, Samenkörner, kleine Schachteln mit leichten oder schweren Dingen.

Erziehung zur Selbständigkeit

1. Es ist wichtig, daß das Kind lernt, sich selbst an- und auszuziehen. Gewöhnlich braucht ein Kind, das seine ersten Versuche darin unternimmt, scheinbar gerade dann viel Zeit dazu, wenn die Eltern es eilig haben. Viele Eltern ziehen ihr Kind dann lieber selbst an, ehe sie so lange warten, bis es das selbst getan hat. Eines der Ziele dieses Buches ist es, Ihnen dabei zu helfen, daß Sie Ihr Kind so früh wie möglich zur Selbständigkeit erziehen. Sie sollten Ihr Kind also nicht gerade dann sich selbst anziehen lassen, wenn Sie in Eile sind.

2. Auch sollten Sie das Kind sich nicht gerade dann selbst waschen lassen, wenn es aus irgendeinem Grund schnell fertig werden soll. Wenn es Ihre Zeit erlaubt, soll Ihr Kind sich beim Baden alleine waschen. Es sollte auch lernen, sich Hände und Gesicht am Waschbecken zu waschen.

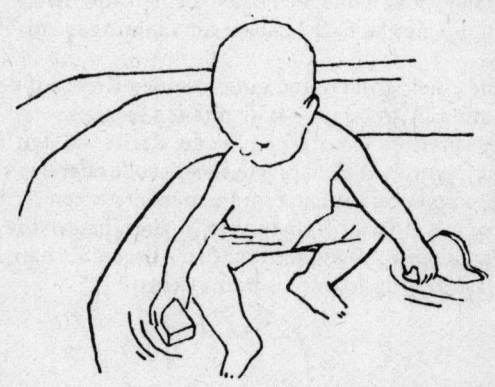

3. Zeigen Sie Ihrem Kind, wie man sich gründlich und richtig die Zähne putzt. Es muß lernen, sich die Zähne selbst zu putzen. Wichtig sind dabei die Dauer des Zähneputzens (mindestens 3 Minuten) und die richtigen Bewegungen mit der Zahnbürste (auf und ab).

4. Ein Kind, das der Aufforderung, sich die Hände vor dem Essen zu waschen, nicht nachkommt, sollte nicht eher etwas zu essen bekommen, bis die Hände gewaschen sind. In vielen Familien sind die anderen schon mit dem Frühstück fertig, ehe das Kleinkind angezogen ist. Wenn es zu lange herumtrödelt und die anderen Familienmitglieder schon gefrühstückt haben, sollte die Mutter ihm kein Frühstück mehr geben. Es wird sich am nächsten Morgen beeilen und sich sehr schnell anziehen. (Voraussetzung ist, daß es der Mutter nicht leid tut und sie ihm nach dem Frühstück keine Kekse gibt, weil es hungrig ist.) Das Kind muß fühlen, daß dies eine logische Folge des Trödelns und nicht eine Bestrafung ist.

Das ist eine wichtige Erkenntnis für das Kind und braucht nicht mit Zorn auf die Eltern verbunden sein. Bestrafung bringt sowohl für die Eltern wie für das Kind nur Ärger und wenig Lernerfolg.

Aufgaben lösen

1. Lassen Sie Ihr Kind Plastikringe verschiedener Größen über einen Stock legen – in der Reihenfolge ihrer Größe. Fangen Sie mit nur drei Ringen an; wenn es das richtig beherrscht, geben Sie ihm weitere, immer einen mehr, bis es alle richtig über den Stock legen kann.

2. Erklären Sie ihm, was «groß» und «klein» bedeutet. Schneiden Sie aus einem Pappdeckel zwei Kreise aus, einen doppelt so groß wie den anderen, und legen diese auf seinen Tisch. Schneiden Sie noch zwei Kreise der gleichen Größe aus und geben Sie sie ihm. Sagen Sie ihm: «Lege die beiden großen und die beiden kleinen aufeinander.» (Alle vier Kreise sollten die gleiche Farbe haben, um die Aufgabe nicht unnötig zu erschweren.)

3. Legen Sie einen großen und einen kleinen Kreis auf den Tisch und sagen: «Gib mir den großen.» – «Gib mir den kleinen.»

4. Wenn es sprechen kann, legen Sie die Kreise auf den Tisch, zeigen auf einen und fragen: «Welcher ist das, der große oder der kleine?»

5. Geben Sie ihm drei Becher zum Ineinanderstecken.

6. Legen Sie mit ein paar Knöpfen ein Muster. Lassen Sie Ihr Kind das Muster mit anderen Knöpfen nachmachen. Legen Sie dann ein anderes Muster und lassen es das ebenfalls nachmachen.

7. Geben Sie ihm einfache Puzzlespiele. Fangen Sie mit drei- oder vierteiligen an.

8. Sie können nun beginnen, ihm das Zählen beizubringen. Zuerst muß es den Unterschied zwischen «einem» und «vielen» kennenlernen. Legen Sie einige Maiskörner auf seinen Tisch. Zeigen Sie ihm «eins». Sagen Sie: «Gib mir eins.» Zeigen Sie ihm, daß eine Menge Körner «viele» sind. Sagen Sie dann: «Gib mir viele.»

9. Stellen Sie zwei Becher auf den Tisch, einen vor Ihr Kind, einen vor sich selbst. Erklären Sie ihm, wie man «eins für mich und eins für dich» spielt. Legen Sie ein Maiskorn in seinen Becher, dann eins in Ihren.

10. Legen Sie einen roten Pappdeckel (ca. 5 × 5 cm) und einen ähnlichen blauen auf den Tisch. (Nehmen Sie dazu leuchtende Farben.) Geben Sie ihm einen zweiten roten Pappendeckel und sagen: «Leg diesen auf den, der genauso aussieht.» Wenn es das nicht kann, zeigen Sie es ihm und sagen: «Rot».

11. Legen Sie einen roten und einen blauen Pappdeckel auf den Tisch. Sagen Sie: «Gib mir den roten», dann: «Gib mir den blauen». Machen Sie dasselbe mit anderen Farben.

12. Legen Sie drei verschiedene Bilder auf den Tisch. Zeigen Sie ihm ein viertes Bild, das einem der drei anderen gleicht, und sagen: «Gib mir das Bild, das genauso aussieht.» Später können Sie diese Übung mit vier verschiedenen Bildern machen.

13. Geben Sie ihm fünf kleine Spielzeughunde und fünf kleine Spielzeugfiguren. Stellen Sie auch zwei offene Schachteln auf den Tisch. Sagen Sie: «Lege die Hunde in die eine und die Figuren in die andere Schachtel.» Zeigen Sie ihm, wie man sie ordnet und in die Schachtel legt. Dann soll Ihr Kind das Spiel selbst versuchen.

14. Schneiden Sie Bilder von Nahrungsmitteln und Hunden aus Illustrierten aus. Stellen Sie zwei Schachteln auf den Tisch. Sagen Sie: «Lege die Dinge, die wir essen, in eine Schachtel und die Hunde in die andere Schachtel.»

15. Lassen Sie Ihr Kind beim Tischdecken helfen: Löffel, Gabeln und Messer an jeden Platz legen. Es soll lernen, das Besteck zu ordnen und richtig an jede Seite des Tellers zu legen.

Sprachfähigkeit

Es kann jetzt wahrscheinlich schon zwei oder drei Worte aneinanderfügen. «Alles fertig», «Iß jetzt». Es braucht jedoch noch Ihre Hilfe, um seinen Wortschatz zu erweitern. Gute Lehrmittel sind Bilder, die Gegenstände oder einen Vorgang zeigen.

1. Wenn Sie ihm ein Bilderbuch zeigen, fragen Sie: «Wo ist der Hund?», «Wo ist der Apfel?» Zeigen Sie ihm, daß es darauf deuten soll.

2. Wenn Sie auf die Bilder zeigen und gleichzeitig die abgebildeten Dinge benennen, wiederholt es vielleicht die Worte und nimmt gleichzeitig viele Dinge auf den Bildern wahr.

3. Sagen Sie ihm, es soll Ihnen zeigen, was man mit bestimmten, auf den Bildern dargestellten Dingen machen kann. Zeigen Sie ihm z. B. das Bild einer Tasse und sagen: «Zeig mir, was du damit machst.» Wenn es jetzt nicht so tut, als würde es trinken, zeigen Sie es ihm.

4. Machen Sie ein Frage- und Antwortspiel mit ihm. Zeigen Sie auf einen Gegenstand und fragen Ihr Kind nach dessen Namen; dann darf Ihr Kind auf einen Gegenstand zeigen und Sie nach dem Namen fragen.

5. Mit Handpuppen kann man gut eine kleine Geschichte vorspielen. Lassen Sie es auch Ihr Kind versuchen, nachdem Sie ihm etwas vorgespielt haben.

6. Geben Sie ihm ein Spieltelefon; so kann es ein Gespräch nachspielen. Es macht ihm Spaß, Sie dabei nachzuahmen.

7. Nennen Sie weiterhin die Namen von Dingen, die es nicht jeden Tag zu sehen bekommt. («Das ist ein Schraubenzieher.») Nun soll Ihr Kind ihn unter anderen Dingen suchen. «Schau, hier ist Papas Werkzeug. Wo ist der Schraubenzieher?»

8. Lassen Sie Ihr Kind die Dinge beim Namen nennen. Fragen Sie: «Was ist das?» und zeigen auf einen Schraubenzieher. Vielleicht erinnert es sich nicht mehr. Sagen es ihm noch einmal und lassen es nachsprechen.

9. Sagen Sie ihm die Bezeichnung für das, was er tut oder auf Bildern sehen kann. Wenn es z. B. einen Ball wirft, sagen Sie: «Thomas wirft den Ball» oder «Mami wirft den Ball» usw. Wenn es ein Bild sieht, auf dem ballspielende Jungen zu sehen sind, sagen Sie: «Die Jungen werfen den Ball.» Zeigen Sie ihm Bilder mit ihm vertrauten Vorgängen – essen, laufen, die Mutter beim Kochen, den Vater mit Hammer und Nagel.

10. Spielen Sie das Spiel «So waschen wir unsere Kleider» oder «So essen wir» oder «So werfen wir den Ball». Es kann schon kleine Hand-

lungsabläufe nachspielen und lernt auch bald, Sätze nachzusprechen oder zu singen, wenn Sie ihm etwas vorsingen.

11. Singen und spielen Sie einfache Fingerspiele «Steck deine Finger in die Höhe», «Wo ist der Daumen?»

12. Singen Sie ihm Kinder- und Wiegenlieder vor. Ihr Klang und Rhythmus gefallen ihm, auch wenn es ihren Sinn noch nicht versteht. Es kann allenfalls die letzte Zeile eines Reimes nachsprechen, wenn es ihn oft genug gehört hat.

13. Lesen Sie ihm eine kurze, einfache Geschichte über ein kleines Mädchen oder einen kleinen Jungen in seinem Alter vor. Es identifiziert sich mit der Handlung: «Ich frühstücke auch.» – «Ich gehe auch schwimmen.» – «Ich habe auch einen Pullover.»

14. Jetzt können Sie ihm auch schon eine längere Geschichte vorlesen. Suchen Sie eine einfache Geschichte aus; es will sie wieder und immer wieder hören. Wenn es einmal, während Sie ihm eine Geschichte vorlesen, nicht so lange stillsitzen kann, zeigen Sie ihm statt dessen ein paar Bilder. Die Zeit vor dem Schlafengehen eignet sich besonders gut zum Geschichtenvorlesen, aber immer nur eine Geschichte und dann: Licht aus. Sie dürfen sich nicht dazu bringen lassen, ihm eine Geschichte nach der anderen vorzulesen, nur um das Schlafenmüssen hinauszuzögern.

Viele seiner Ausdrücke werden von niemand außer seiner Familie verstanden. Wenn es die ersten Laute ausspricht und zu Worten zusammenfügt, spricht es diese natürlich noch falsch nach. Leider sind die Eltern manchmal stolz darauf, daß «niemand außer ihnen selbst etwas für ihr Kind tun kann». Das ist natürlich ein schwerer Fehler, denn das Kind muß eines Tages mit anderen Kindern spielen und zur Schule gehen. Es muß schon als Baby lernen, mit anderen Menschen auszukommen; wenn es älter wird, ist es schwieriger, es dazu anzuhalten.

Wenn die Eltern sein Kauderwelsch und seine Gesten verstehen, lernen sie *seine* Sprache, aber es lernt nicht die *ihre*. Wenn es ein Wort vergißt, sagen Sie es ihm einfach noch einmal, damit es das nachspricht. Tun Sie, als könnten Sie nicht verstehen, was es möchte, wenn es Sie durch Gesten und Gebrabbel um etwas bittet. Werden Sie nicht böse; zeigen Sie ihm einfach, daß Sie es nicht verstehen. So wird es sich bemühen, richtig zu sprechen und sich verständlich zu machen.

Helfen Sie Ihrem Kind, die Babysprache abzulegen. Sprechen Sie selbst deutlich; verwenden Sie nicht seine Babyausdrücke, weil Sie sie niedlich finden. Verbessern Sie es möglichst nicht, sondern ermutigen und loben Sie es, wenn es ein Wort richtig ausspricht.

15. Schreiben Sie die Worte auf, die Ihr Kind noch nicht gut ausspricht, und benutzen Sie diese bewußt häufig, wenn Sie mit ihm reden. Machen Sie es nicht darauf aufmerksam, sprechen Sie die Worte nur deutlicher und langsamer aus als gewöhnlich. Sie könnten beim Essenzu-

bereiten mit sich selbst sprechen, wenn Ihr Kind in Hörweite ist: «Ich esse gern Eier zum Frühpück – oh, nicht Frühpück, st, st, st – Frühstück»; oder: «Ich werde heute wohl Pasgetti kochen, nein, nicht Pasgetti, Spaghetti, Spa, Spa, Spaghetti.» Sehen Sie nicht zu Ihrem Kind hin; sprechen Sie mit sich selbst, so daß es merkt, daß man sich selbst verbessern muß. Es will dann selbst richtig sprechen und sich auch selbst verbessern, und zwar ohne einen Zwang von seiten der Eltern.

16. Machen Sie Spiele, bei denen Sie ein Wort falsch aussprechen und Ihr Kind Sie verbessert. Nehmen Sie Worte, die es früher falsch ausgesprochen hat, jetzt aber richtig gebraucht.

17. Manchmal hören Kinder die Anfangsbuchstaben eines Wortes nicht. Ein Kind könnte «mal» verstehen, wenn Sie «schmal» oder «lein», wenn Sie «klein» sagen. Kleine Reime helfen ihm, den Anfang der Worte richtig zu verstehen. «Hand, Wand, Land» usw. oder später: «Leine, deine, meine» o.ä.

18. Vielleicht bildet es einen lustigen Ausdruck und lacht. Freuen Sie sich mit ihm über seine «Witze». Wenn Sie etwas Lustiges sagen, lachen Sie darüber; es lacht dann mit und wiederholt Ihre Worte. Humor fängt mit solchen Wortspielen an. Denken Sie daran: Unterbrechen Sie Ihr Kind nicht, wenn es etwas falsch ausspricht. Es ist sehr wichtig, daß Ihr Kind sich selbst verbessert, und das lernt es am besten durch Wortspielereien. Ein Kind, das immer wieder streng verbessert wird, wenn es sich unterhalten möchte, kann dadurch so entmutigt werden, daß es einen Sprachfehler wie das Stottern bekommt. Es kann unsicher werden, wenn es merkt, daß es nicht «gut genug» ist, um zu sprechen; oder es wird trotzig und spricht bewußt weiterhin falsch.

21. bis 29. Monat

Die folgenden Beispiele sind nur Vorschläge, die Ihnen das Zusammenstellen des Stundenplans erleichtern sollen. Stellen Sie den täglichen Unterricht so zusammen, daß er mindestens eine Übung aus jeder Kategorie enthält – Muskeltraining, Aufgaben lösen, Sprachfähigkeit usw. Entscheiden Sie, welche Übungen Ihr Übungsprogramm enthalten soll. Trennen Sie das für diese Übungen benötigte Spielzeug und Unterrichtsmaterial von dem anderen Spielzeug, so daß es neu und interessant für das Kind bleibt. Da die Übungen jetzt schwieriger werden, kann es vorkommen, daß Ihr Kind keine Lust hat, manche Übungen mitzumachen. Sie sollten solche Übungen an den Anfang des Unterrichts stellen und ihnen nur kurze Zeit widmen. Erklären Sie Ihrem Kind, daß es eines seiner Lieblingsspiele spielen darf, wenn es die Übung beendet hat, die es nicht so gerne mag. Wenn es z. B. nicht gerne Pfennige zählt, können Sie ihm versprechen, daß es mit Knetmasse oder Seifenblasen spielen darf (vorausgesetzt, es mag diese Spiele), wenn es die Pfennige erst einmal gezählt hat.

(Die folgenden Übungen sind größtenteils *ausführlich* auf den vorhergehenden Seiten beschrieben.)

Tagesprogramm I

Muskeltraining und Fingerfertigkeit
Schalter ein- und ausschalten.
Puzzlespiele.
Laufen und klettern.
Ballspiele.
Kinderwagen schieben.
Purzelbaum machen.

Geruchssinn
Lassen Sie es an unterschiedlich gefüllten Gläsern riechen.

Selbstbewußtsein
Zeichnen Sie die Umrisse seiner Hand.

Vorstellungskraft
Lassen Sie es nach eigenen Ideen spielen.

Zeitgefühl
«Zeit zum . . .»

Abschätzen von Gewichten
Lassen Sie es leichte und schwere Dinge heben.

Erziehung zur Selbständigkeit
Unterricht im Anziehen.

Aufgaben lösen
Verschiedene Ringe.
«Groß» und «klein» bestimmen.

Sprachfähigkeit
Auf Bilder in Büchern zeigen.
Auf Bildern entdeckte Gegenstände benennen.
So tun, als ob man den auf einem Bild gezeigten Gegenstand
benutzt.

Tagesprogramm II

Muskeltraining und Fingerfertigkeit
Perlen auffädeln.
Verstecken spielen.
Spiel im Freien.

Selbstbewußtsein
Zeichnen Sie die Umrisse seines Fußes.

Vorstellungskraft
Spiel mit der Puppe.

Zeitgefühl
«Vorher» und «nachher».
«Gestern» und «heute».

Erziehung zur Selbständigkeit
Sich selbst waschen.

Aufgaben lösen
«Gib mir einen großen Gegenstand.»
Puzzlespiel.

Sprachfähigkeit
Telefonieren spielen.
Verschiedene Dinge benennen.
Richtige Aussprache.

Tagesprogramm III

Muskeltraining und Fingerfertigkeit
Verstecken spielen.
Spiel mit dem Kinderwagen.

Selbstbewußtsein
Zeichnen Sie die Umrisse seines Körpers.

Vorstellungskraft
Imaginäres Spielen.

Zeitgefühl
«Zuerst» und «zuletzt».
«Heute» und «morgen».

Erziehung zur Selbständigkeit
«Unterricht» im Zähneputzen.

Aufgaben lösen
«Eins» und «viele».

Sprachfähigkeit
Tätigkeitswörter.
Fingerspiele.
Spiel: Das Kind verbessert die Mutter.

Tagesprogramm IV

Muskeltraining und Fingerfertigkeit
Perlen auffädeln.
Schrauben und Schraubenzieher.
Gehen auf Zehenspitzen.

Selbstbewußtsein
Filzpuppe auf Stoffunterlage.

Zeitgefühl
Zukunftsbegriff.

Abschätzen von Gewichten
Schachteln mit leichten und schweren Gegenständen heben.

Erziehung zur Selbständigkeit
Anzieh-«Unterricht».

Aufgaben lösen
Bezeichne «großen» und «kleinen» Kreis.
Ein Muster mit Knöpfen legen.

Sprachfähigkeit
Vorlesen einer Geschichte über Kinder gleichen Alters.
Bei der Aussprache einzelner Silben in die Hände klatschen.

Tagesprogramm V

Muskeltraining und Fingerfertigkeit
Perlen auffädeln.
Puzzlespiel.
Purzelbaum.
Versuchen, auf einem Bein zu stehen.

Geruchssinn
Lassen Sie es an unterschiedlich gefüllten Gläsern riechen.

Selbstbewußtsein
Puzzlespiel.

Zeitgefühl
«Langsam» und «schnell».

Erziehung zur Selbständigkeit
«Unterricht» im Waschen.

Aufgaben lösen
«Eins für mich und eins für dich.»
Farben bestimmen.
«Gib mir das rote.»

Sprachfähigkeit
Nach dem Namen eines Gegenstandes fragen.
Reimen.

Tagesprogramm VI

Muskeltraining und Fingerfertigkeit
Malen mit Buntstiften.
«Ringel-ringel-Reihe» spielen.
Ball spielen.

Selbstbewußtsein
Figuren aus Knetmasse.

Zeitgefühl
Vergangenheitsbegriffe.

Erziehung zur Selbständigkeit
«Unterricht» im Zähneputzen.

Aufgaben lösen
«Groß» und «klein».
Muster mit Knöpfen legen.
Bilder ordnen.

Sprachfähigkeit
Richtige Aussprache.
Telefonieren spielen.

5. Laufen, Klettern und Sprechen

30. bis 36. Monat

Obwohl ein zweieinhalbjähriges Kind schon einiges sprechen kann und viel mehr verstehen kann, ist seine Sprachfähigkeit noch lange nicht voll entwickelt. Es bedarf langer Übung für Ihr Kind, sich anderen – sowohl zu Hause als auch unter Spielkameraden – anzupassen. In diesem Alter werden Kinder oft pedantisch und bestehen darauf, daß der übliche Tagesablauf genauestens eingehalten wird. Z. B. ist es möglich, daß Ihr Kind erwartet, daß beim Essen ein bestimmter Teller immer an einem bestimmten Platz auf dem Tisch steht und daß es bestimmte Nahrungsmittel nur zu einer bestimmten Tageszeit gibt, oder es erwartet, daß die Zeit vor dem Schlafengehen im gleichen Ritual abläuft. Es will damit zeigen: Ich habe nun die Hausordnung verstanden. Vielleicht will es damit aber auch sagen: «Du mußt es jetzt immer so machen, wie ich es gewohnt bin.»

In einigen Büchern über Kindererziehung kann man lesen, daß Kinder im Alter von zweieinhalb bis drei Jahren schwierig sein «müssen» und daß man ihnen ihren Willen lassen solle, damit sie sich nicht unglücklich fühlen. In diesen Büchern heißt es dann, daß das Kind im Alter von drei Jahren umgänglicher wird. Immer mehr Mütter sagten uns jedoch: «Ja, in dem Buch heißt es, daß das Kind im Alter von zweieinhalb Jahren schwierig ist, aber nun ist das Kind schon über drei Jahre alt und will immer noch, daß alles nach seinem Kopf geht.»

Die Eltern werden später sicher Kummer mit ihrem Kind haben, wenn sie diese Ansichten übernehmen, daß man einem zweieinhalbjährigen Kind seinen Willen lassen muß. Wenn man einem Kind seinen Willen läßt, erwartet es, daß es so weitergeht. Sie sollten es keinesfalls darin bestärken. Wenn Ihr Verhalten Ihren Worten entspricht, versteht es sehr bald, daß die Familie nicht nach seiner Pfeife tanzt; diese Einsicht wird in seinem späteren Leben seine Beziehungen zu anderen Menschen positiv gestalten. Es sollte sehr früh lernen, daß auch die Eltern Rechte haben und daß gegenseitige Achtung ein wichtiger Bestandteil des Familienlebens und des Lebens in der Gemeinschaft ist.

Ist Ihr Kind manchmal schwierig, begegnen Sie ihm mit Humor. Es ist niemals klug, ein Kind auszulachen, aber wenn die Situation gespannt wird, ist es besser, die Dinge von der heiteren Seite zu betrachten, anstatt zu schimpfen und sich aus der Fassung bringen zu lassen. Humor ist der beste Schutz gegen unnötige Spannung und Ärger.

Zeigen die Eltern ihrem Kind gegenüber eine konsequente Haltung, begreift es, was von ihm erwartet wird. Es weiß, die Eltern meinen, was sie sagen, und paßt sich ihren Wünschen an. Es ist wichtig, daß die Familie eine Gemeinschaft bildet; hier lernt das Kind am besten, mit anderen auszukommen. Im Alter von zweieinhalb bis drei Jahren sollte das Kind auch an Familien-«Konferenzen» teilnehmen, bei denen über auftretende Probleme oder über gemeinsame Vorhaben beraten wird. Kinder, die in einer solchen demokratischen Gemeinschaft aufwachsen, sind nicht so aufsässig wie die, in denen nur die Eltern den Ton angeben. Wenn die Kinder mit Achtung erzogen werden, werden sie auch ihre Eltern achten.

Fingerfertigkeit

1. Zeigen Sie ihm, wie man einen Kreis, ein Quadrat und ein Dreieck zeichnet. Das wird seine Zeit beanspruchen.

2. Lassen Sie es mit Finger- und Wasserfarben malen.

3. Es kann Muster entwerfen, indem es verschiedenfarbige Papierschnipsel oder Stoffetzen auf ein Blatt Papier klebt. Es stellt dann eine Collage her.

4. Viel Freude macht es ihm, Bilder durch Verbinden einzelner Punkte anzufertigen. Zeichnen Sie ihm ein Bild, dessen Umrisse Sie mit Punkten andeuten. Ihr Kind soll die einzelnen Punkte mit einem Bleistift verbinden.

5. Zeigen Sie ihm, wie man mit einer Schere umgeht.

6. Singen Sie Kinderlieder und machen Fingerspiele mit ihm.

Muskeltraining

1. Sowohl draußen wie drinnen turnt es gerne auf Klettergeräten herum.

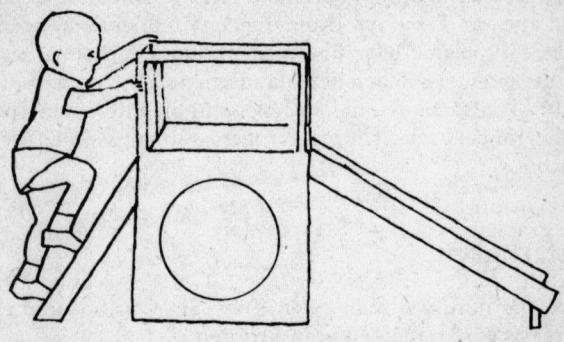

2. Das Kriechen durch einen Tunnel oder einen engen Spalt macht ihm Spaß und fördert sein räumliches Vorstellungsvermögen. Einen Tunnel kann man kaufen oder aus Kisten oder Kartons selbst bauen.

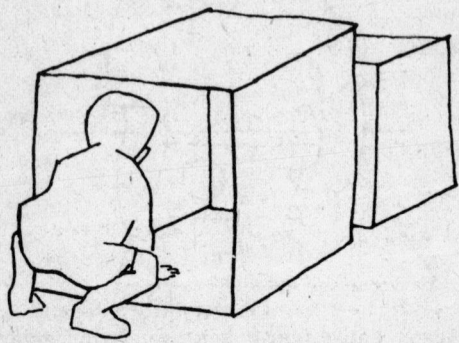

3. Es schaukelt und rutscht gern.

4. Jetzt kann es lernen, mit dem Dreirad zu fahren.

5. Spielen Sie mit großen und kleinen Bällen mit ihm. Lassen Sie es den Ball werfen und auch treten.

6. Zeigen Sie ihm, wie man sich rhythmisch zur Musik bewegen kann.

Selbstbewußtsein

1. Lassen Sie es mit Bleistift, Kreide, Pinsel oder Filzstift einen Kreis ziehen. Zeigen Sie ihm, wie Augen, Nase und Mund in ein «Gesicht» gezeichnet werden.

2. Zeichnen Sie ein falsches Bild eines Menschen (die Arme sitzen am Kopf, statt an den Schultern; im Gesicht fehlt der Mund) und fragen: «Was ist auf diesem Bild falsch?»

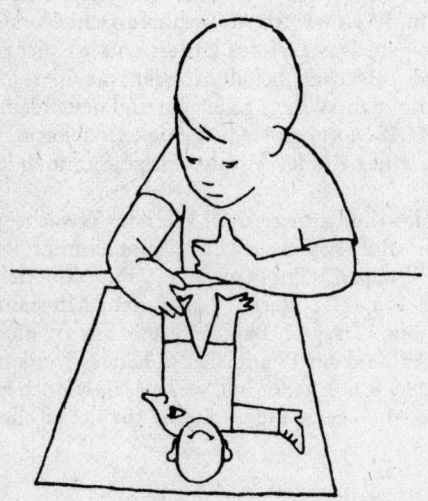

3. Singen Sie Lieder mit ihm, die Teile des Körpers ansprechen. Derartige Lieder finden Sie in jedem Kinderlieder-Buch.

4. Legen Sie sich auf den Fußboden und zeigen ihm, wie man alle Muskeln anspannt und sich dann entspannt.

5. Während es liegt, soll es beide Beine, beide Arme, ein Bein, einen Arm bewegen (dabei soll der Körper auf dem Boden bleiben).

6. Stellen Sie sich vor Ihr Kind hin. Nun soll es sich vorstellen, Sie seien sein Spiegelbild, und alle Ihre Bewegungen nachmachen. (Kopf, Ellenbogen, Knie berühren.)

Vorstellungskraft und Rollenspiel

Kinder spielen sehr gern die Rollen von Erwachsenen. Sie erfinden keine unwirkliche Welt; sie versuchen nur, dadurch die Welt der Erwachsenen zu verstehen. Dieses Spiel ist nur ein Weg, mit ihrem besonderen Problem fertig zu werden – ein kleiner Mensch in einer Welt der Großen zu sein. Wenn ein Kind sich in die Rolle der großen Mutter, des großen Vaters, des großen Busfahrers oder des großen Handwerkers versetzen kann, kommt es sich für eine Weile groß und bedeutend vor.

Besonders reizvoll sind Spielsachen, mit denen das Kind nach seiner eigenen Phantasie spielen kann. Es stellt sich vor, daß eine Puppe oder sogar ein Stoffbündel ein richtiges Baby ist. Ein Besenstiel oder ein alter zerbrochener Stuhl können ein Pferd sein. Ein großer Kasten kann ein Zelt, eine Höhle oder ein Schloß sein. Bausteine können ein Zug, Schiff oder eine Küche sein. Es ist wichtig, die schöpferische Vorstellungskraft Ihres Kindes anzuregen. Das Ziel des Unterrichts ist nicht nur, daß es Dinge versteht und Tatsachen behält, sondern auch, seine Phantasie anzuregen und in ihm den Willen, zu lernen und neue Ideen zu entwickeln, zu wecken. Maria Montessori, die geniale Erzieherin, formulierte, daß die Intelligenz eines Kindes «in der Hitze flammender Phantasie wächst».

Spielsachen, die das Kind anregen, die Welt der Erwachsenen nachzuahmen und sich im «Rollenspiel» zu üben, gibt es in großer Auswahl: Spielzeuggeschirr, Puppen, Puppenwagen, Puppenbettchen, Besen, Handfeger, Spieltelefon, Tierfiguren, Lastwagen, Milchautos, Dampfmaschine, Bauernhöfe, Garagen, Bahnhöfe usw. Es ist nicht nötig, das alles zu besorgen. Anhand der Phantasie des Kindes werden große Bausteine, Kästen, Stühle, alte Kleider und was sie sonst noch in der Umgebung finden, zu realen Gegenständen, die sie für ihr «Rollenspiel» verwenden.

Zeichnen

Von Kindern angefertigte Zeichnungen sind Gegenstand ernsthafter wissenschaftlicher Untersuchungen durch Kinderpsychologen, die sie als kindliche Ausdrucksform der Sprache gleichsetzen. Unsere Kinder zeichnen aus den gleichen Antrieben heraus, wie es unsere Vorfahren vor einigen tausend Jahren taten, als sie Zeichnungen als Ausdrucksmittel ihrer Gefühle und Gedanken schufen. Das Kind zeichnet, weil es etwas über sich selbst aussagen möchte. Anfangs scheint es nur zu kritzeln. Mit der Zeit werden daraus Bilder; d. h., es selbst, und später auch Sie, können erkennen, was es gezeichnet hat. Das ist jedoch erst möglich, wenn das Kind drei oder vier Jahre alt ist.

Papier und Buntstifte sollte man ihm geben, wenn es etwa achtzehn Monate alt ist. Die Zeichenblätter sollten möglichst groß sein.

Viele Kinder fühlen sich durch die Kritik der Erwachsenen in ihren Malbemühungen entmutigt, die die Zeichnungen der Kinder mit konventionellen künstlerischen Maßstäben zu messen versuchen und nicht sehen, daß das Kind sein Ich damit ausdrücken will. Die Freude, die das Kind an seinen Zeichnungen und seinen Fortschritten damit hat, ist viel wichtiger als die Ansicht der Erwachsenen beim Betrachten der Ergebnisse.

Zeitgefühl

1. Es kann jetzt den Unterschied zwischen «gestern», «heute» und «morgen» genau erklären.

2. Es gebraucht die Tätigkeitswörter häufiger in der Vergangenheitsform.

3. Erklären Sie ihm im voraus, wie der Plan für die nächsten Stunden aussieht; z. B.: «Zuerst gehen wir zum Kaufmann, dann kommen wir zum Essen nach Hause, dann halten wir ein Mittagsschläfchen.»

4. Fragen Sie es, was es in der Zeit, in der es alleine war, gemacht hat.

Aufgaben lösen

1. Schneiden Sie aus Pappe je zwei Kreise aus – zwei große, zwei mittlere und zwei kleine. Sie sollten alle die gleiche Farbe haben, so daß Sie nicht gleichzeitig Unterricht über Farben und Größen erteilen. Legen Sie zwei gleich große Kreise auf den Tisch. Geben Sie ihm nacheinander die anderen und sagen: «Lege die beiden kleinen aufeinander.» – «Lege die beiden großen aufeinander.» – «Lege die beiden mittleren aufeinander.»

2. Zeigen Sie ihm große und kleine Gegenstände in Ihrer Wohnung (Bleistifte, Brötchen, Kästen).

3. Spielen Sie mit ihm mit drei verschieden großen Bällen. Es soll Sie dabei fragen: «Welchen möchtest du?» Sie sagen entweder «den großen Ball», «den kleinen Ball» oder «den mittleren Ball». Besondere Freude macht es ihm, wenn es bei diesem Spiel auf einer Treppe stehen und den Ball zu Ihnen herunterwerfen darf.

4. Geben Sie ihm drei Kästchen zum Ineinandersetzen. Am besten fangen Sie mit Kästchen in sehr unterschiedlichen Größen an. Sie sind dann leichter ineinanderzusetzen. Fangen Sie mit drei Kästchen an, geben Sie ihm dann vier usw.

5. Drehen Sie die Kästchen um und zeigen ihm, wie man damit einen Turm bauen kann.

6. Reizvoll für das Kind ist ein zehn- bis fünfzehnteiliges Puzzlespiel; es beansprucht seine ganze Aufmerksamkeit. Die Puzzlespiele dürfen aber nicht so schwierig sein, daß es den Mut verliert. Anfangs können Sie ihm helfen. Es soll Ihnen dann aber selbst zeigen, wie es gemacht wird.

7. Stellen Sie zwei Schachteln auf den Tisch und sagen: «Lege einen Pfennig in diese Schachtel und einen in diese.» Zeigen Sie ihm, wie es gemacht wird.

8. Stellen Sie zwei Schachteln auf den Tisch und zeigen ihm zwei Pfennige, die Sie zwischen Ihren Fingern halten. Nun soll es Ihnen auch zwei Pfennige zeigen. Sagen Sie: «Stecke zwei Pfennige in diese Schachtel und zwei in die andere.» Es wird die Aufgabe sicher nicht richtig lösen, wenn es zuerst einen Pfenning in eine Schachtel legt und Sie dann erwarten, daß es noch den zweiten hineinlegt. Es sieht «zwei» als eine Einheit an und versteht noch nicht, daß «eins» und «eins» «zwei» ist.

9. Mit der Zeit können Sie diese Übung mit fünf Pfennigen und fünf verschiedenen Schachteln ausführen. Um das Spiel interessanter zu machen, können Sie sagen, daß das Geld in jeder Schachtel für ein anderes Familienmitglied bestimmt ist und daß Sie beim Kaufmann dafür Süßigkeiten für das Kind selbst, für sich und die Schwester usw. einkaufen. Legen Sie die Pfennige auf die andere Seite des Tisches; dort ist dann der Laden, und Sie sind der Kaufmann.

10. Bringen Sie ihm bei, bis zehn zu zählen. Anfangs versteht es die Bedeutung der Zahlwörter noch nicht, aber es begreift, daß dies die Worte sind, die zum Zählen verwendet werden.

11. Zeigen Sie ihm, wie es die Finger seiner Hand abzählen kann.

12. Fragen Sie Ihr Kind: «Wie alt bist du?» Zeigen Sie ihm, wie es die richtige Zahl mit den Fingern anzeigen kann.

13. Singen Sie mit ihm Lieder, in denen irgend etwas gezählt wird («10 kleine Negerlein»).

14. Wenn es Kekse ißt, lassen Sie es diese zuerst zählen.

15. Lassen Sie es Bausteine aufeinanderstapeln und sie dann zählen.

16. Wenn es ein Buch liest, in dem verschiedene Tiere und Gegenstände zu sehen sind, fragen Sie es: «Wie viele Schmetterlinge sind da?» Lassen Sie es zählen.

17. Schneiden Sie aus einem Stück Sandpapier die Zahlen 1, 2, 3 aus. Nennen Sie ihm die Zahlen. Nun soll es diese mit den Fingern abtasten. Bald behält es die Namen der Zahlen.

18. Schneiden Sie ebenfalls Buchstaben aus Sandpapier aus. Dehnen Sie diese Übung nicht zu lange aus.

19. Legen Sie ein rotes, ein blaues und ein gelbes Viereck aus Pappe (5 × 5 cm) auf den Tisch. Geben Sie ihm ein zweites rotes und sagen: «Lege es auf das gleiche, auf das rote.» Machen Sie dasselbe mit dem blauen und dem gelben Viereck.

20. Legen Sie die drei bunten Vierecke auf den Tisch und fragen: «Welche Farbe ist das?», während Sie auf jedes deuten. Wenn es die Farbe nicht nennen kann, sagen Sie sie ihm und lassen es nachsprechen.

21. Es soll Ihnen die Farben von Gegenständen nennen, die es im Haus gefunden hat.

22. Legen Sie vier Bilder auf den Tisch, die alle – bis auf eins – gleich sind. Nun soll es Ihnen das eine geben, das sich von den anderen unterscheidet. Wenn Ihr Kind es Ihnen gibt, sagen Sie: «Ja, es ist anders als die anderen.» Beim nächstenmal sagen Sie ihm: «Gib mir das eine, das anders aussieht.»

23. Schneiden Sie Bilder von Nahrungsmitteln, Hunden, Menschen, Katzen und Vögeln aus. Geben Sie ihm zehn Bilder von Nahrungsmitteln

und zehn von Hunden und sagen dabei: «Lege das, was wir essen, in eine Schachtel und die Hunde in die andere.»

24. Geben Sie ihm je zehn Bilder von Hunden, Nahrungsmitteln und Vögeln. Nun soll es die drei Motive in je eine Schachtel einordnen.

Sprachfähigkeit

Mangelhafte sprachliche Entwicklung ist einer der häufigsten Gründe für das Versagen in der Schule. Obwohl jedes Kind Namen und Bezeichnungen erlernt, genügt das den Anforderungen, die die Schule stellt, nicht. Es muß beschreiben, umschreiben und ordentlich aussprechen können. Es muß Eigenschaftswörter (groß, klein, schwer), Tätigkeitswörter (laufen, springen, essen), Umstandswörter (langsam, schnell) und viele andere Wortgattungen kennenlernen und anwenden können. Mit Spielsachen und Bildern können Sie seine Sprachfähigkeit in den Spielübungen fördern.

1. Erklären Sie ihm die *Eigenschaften* der Dinge, die es sieht (dieses Auto ist blau; dieses Auto ist rot; dieser Bleistift ist groß; dieser Bleistift ist klein).

2. Erklären Sie ihm, *wie* sich die Dinge bewegen (das Auto fährt schnell; die Schildkröte bewegt sich langsam; das Flugzeug fliegt hoch).

3. Schneiden Sie Bilder, auf denen eine Handlung dargestellt ist, aus Zeitschriften und Malbüchern aus (ein Kind wirft einen Ball, wäscht sich, arbeitet im Garten). Fragen Sie: «Was macht der Junge hier?» Weiß es das nicht, sagen Sie es ihm und fragen es noch einmal.

4. Es muß die Verhältniswörter lernen, die wir so oft anwenden. Lassen Sie es einen Pfennig *in* die Schachtel legen, *auf* die Schachtel, *unter* die Schachtel, *über* die Schachtel halten, *zwischen* Ihre Finger stecken, *unter* einen Schuh legen, *über* Ihren Kopf halten.

5. Erklären Sie ihm in Spielübungen oder Bildern, was «Gegenteil»

bedeutet, z. B.: Junge – Mädchen: Bruder – Schwester oder anhand von Kinderbildern.

Lachen – weinen: schauspielern, dabei in den Spiegel sehen.

Unten – oben: halten Sie einen Ball hoch oder runter; Buch auf ein Regal, Auto auf die Erde stellen.

Voll – leer: füllen Sie Milch in ein Glas (voll); wenn es ausgetrunken ist, ist es leer.

Auf Wiedersehen – Guten Tag: wenn es hereinkommt, sagen Sie «Guten Tag», oder auch, wenn Sie nach Hause kommen; wenn es das Zimmer verläßt, sagen Sie: «Auf Wiedersehen.»

Hart – weich: lassen Sie es Dinge wie – einen Stein, einen Schwamm, ein Brett, eine Feder anfassen.

Heiß – kalt: Kaffee, Milch, Kakao, Saft; Ihre Hände, wenn es draußen kalt ist.

Groß – klein: Bälle, Autos, Lastwagen, Schachteln, Puppen.

Neu – alt: neues Spielzeug, altes Spielzeug; neue Schuhe, alte Schuhe.

Offen – geschlossen (oder: offen – zu): Kästen, Kühlschrank – offen oder geschlossen.

Über – unter: über seinem Kopf, unter seinem Stuhl, über, unter einem Kasten.

Leise – laut: Musikinstrumente, Radio; beim Spielen laut und leise sprechen.

Rund – viereckig: Geometrische Figuren, Kekse.

Langsam – schnell: gehen, laufen, Spielen mit Autos und Zügen.

Halt – geh (los): laufen und stehenbleiben; spielen mit Autos.

Werfen – fangen: Ballspiele.

6. Es muß auch lernen, Fragen zu verneinen. Zeigen Sie ihm einen Apfel und sagen: «Ist das eine Apfelsine? Nein, das ist keine Apfelsine.» Lassen Sie es die Antwort wiederholen, nachdem Sie ihm die Frage nochmals gestellt haben. Zeigen Sie ihm eine Tasse und fragen: «Ist das ein Löffel?» Es sollte antworten: «Nein, das ist kein Löffel.» Wenn es Ihre Frage nicht verneint, sagen Sie ihm die richtige Antwort und lassen diese von ihm nachsprechen.

7. Üben Sie mit ihm Worte in der Mehrzahl: Stuhl – Stühle; Buch – Bücher; Hand – Hände usw.

Der Wortschatz des Kindes wächst in dieser Zeit sehr schnell. Es versucht nun auch, kleine Sätze zu bilden, wenn es Sie um etwas bittet oder Ihnen etwas erzählen möchte. Bisher drückte es einen Gedanken mit einem einzigen Wort aus. Es sagte: «ham-ham», wenn es etwas zu essen haben wollte.

Manche Kinder, die schon kleine Sätze aus zwei oder drei Worten bilden können, sprechen anfangs eine Art Kauderwelsch. Nach einiger Zeit sprechen sie dann wieder richtig. Für das Kind klingt dieses Kauderwelsch genauso wie die Gespräche, die es in der Familie hört. Gewöhnlich sprechen die Eltern eines solchen Kindes sehr viel. Viele Kinder kennen die Phase des Kauderwelsch jedoch gar nicht. Die Eltern dieser Kinder sprechen meist nur wenig, aber ganz gezielt mit ihnen. Diese Kinder sind nicht andauernd von – für sie unverständlichem – Gerede umgeben; sie sind in ihrer sprachlichen Entwicklung meist weiter fortgeschritten als andere, da sie die Worte, die sie hören, verstehen können, und sie dann deutlich nachsprechen. Sie brauchen nicht ständig einen Wortschwall über sich ergehen zu lassen, von dem sie nur ein oder zwei Wörter behalten, die sie zufällig verstanden haben.

8. Erklären Sie ihm, was es gerade tut: «Thomas geht ins Bad.» – «Jetzt badest du.» – «Du bist fertig.»

9. Erklären Sie ihm, wie «und» gebraucht wird. Legen Sie zwei Gegenstände auf seinen Tisch und sagen: «Ball *und* Puppe.» – «Papier *und* Bleistift.»

10. Erklären Sie ihm, was der Teddybär macht, während Sie so tun, als ob Sie ihn füttern, anziehen usw. «Der Teddy ißt», «Teddy zieht sich an», «Teddy geht spazieren».

11. Ermuntern Sie es, einen richtigen Satz zu bilden. Wenn es z. B. sagt: «Thomas Wasser», sagen Sie: «Ja, du möchtest Wasser. Sag: Ich möchte Wasser haben.» Bevor Sie ihm Wasser geben, soll es diesen Satz aussprechen. Wenn Sie merken, daß es das nicht will oder kann, hören Sie sofort auf damit. Geben Sie ihm einfach das Wasser und versuchen es beim nächstenmal noch einmal.

Bestehen Sie nicht darauf, daß es etwas ausspricht, bevor Sie nicht ganz sicher sind, daß es das auch kann. Hören Sie zu, wenn es mit anderen Kindern spielt; so können Sie feststellen, was es schon sagen kann. Wenn diese mit ihm jedoch nur wie ein Baby umgehen, bleibt seine sprachliche Entwicklung zurück. Wenn Sie ein ausgeglichenes Verhältnis zu Ihrem Kind und viel Spaß miteinander haben, es nicht kritisieren oder zuviel von ihm erwarten, entwickelt sich sein Sprachvermögen auch ohne weiteres Dazutun.

12. Verbessern Sie es nicht, während es spricht. Schreiben Sie auf, was es falsch ausspricht; während der Sprechübungen können Sie ihm diese Worte dann richtig vorsprechen.

13. Helfen Sie ihm, seinen Wortschatz zu erweitern. Wenn Sie mit ihm spazierengehen, und es sieht etwas, was es vorher noch nicht gesehen hat, nennen Sie ihm die Bezeichnung dafür. Sieht es einen Jungen, der auf einen Baum klettert, bleibt es sicher stehen, schaut zu und will vielleicht mitklettern. Sagen Sie: «Der Junge klettert auf den Baum.»

14. Üben Sie mit ihm dann Tag für Tag die neu hinzugekommenen Wörter, damit es sie schneller behält. Je größer sein Wortschatz ist, desto besser kann es sich verständlich machen und desto befriedigter ist es.

15. Konjugieren Sie die Verben selbst richtig, aber korrigieren Sie Ihr Kind nicht. Wenn es sagt: «Ich eßte das gestern», können Sie sagen: «Ja, ich aß das gestern auch.»

16. Alle Kinder sprechen anfangs falsch. Ein Kind sagt vielleicht «ihm», wenn es «er» meint oder «mich» statt «ich». Wie oft hören wir eine Mutter sagen: «Gib es Mami» oder «Mami wird dir dabei helfen.» Das ist nicht nötig; sie sollte sagen: «Gib es *mir*.» «*Ich* werde dir dabei helfen.» Wenn es sagt: «Mich gefällt das», sagen Sie: «Mir gefällt das auch.» *Bestehen* Sie *nicht* darauf, daß es «mir» sagt.

17. Lehren Sie Ihr Kind, sich auch einmal zurückzuhalten und auch andere zu Wort kommen zu lassen. Viele Kinder möchten immer im Mittelpunkt des Interesses stehen, und sie erreichen das, indem sie ununterbrochen reden. Respektieren Sie seine Persönlichkeit und lassen es – eine angemessene Zeit lang – mit Erwachsenen reden, z. B. während des Abendbrotes. Aber erlauben Sie ihm nicht, die Unterhaltung alleine zu bestreiten. Die Eltern geben selbst ein schlechtes Beispiel, wenn sie unentwegt schwatzen. Es bedarf vieler Mühen und gegenseitiger Achtung, dem Kind gute Manieren beizubringen.

18. Viele Kinder können einem Erwachsenen «Löcher in den Bauch» fragen, und viele Eltern fallen darauf herein, weil sie gehört oder gelesen haben, daß sie sich Zeit nehmen müßten, mit ihrem Kind zu reden, geduldig seine Fragen zu beantworten, seine Wünsche zu erfüllen und es sich selbst mitteilen zu lassen. Man sollte grundsätzlich alle Fragen des Kindes beantworten. Ein Kind jedoch, das unentwegt fragt, möchte sich nur ständig in den Mittelpunkt gestellt sehen. Man sollte in dem Falle eine Frage kurz beantworten, danach selbst eine Frage stellen und einen Vorschlag machen, womit es sich beschäftigen könnte. Das Kind beginnt z. B. eine Serie von Fragen über Bleistifte: «Mami, was machst du?» – «Ich spitze meine Bleistifte.» – «Warum, Mami?» – «Damit ich eine Einkaufsliste aufstellen kann.» – «Warum?» – «Damit wir zum Kaufmann gehen können.» – «Was willst du einkaufen?» – «Fleisch, Butter, Brot und Brötchen.» – «Warum, Mami?» Das kann so lange weitergehen, wie die Mutter die Geduld zum Antworten aufbringt. Einfacher wäre es, wenn die Mutter die erste Frage so beantworten würde: «Ich spitze meinen Bleistift. Hier ist ein Rotstift für dich. Kannst du damit ein Bild zeichnen?» Sicher probiert es den Rotstift aus.

Wenn Sie nicht gleich bemerken, daß Sie gerade in eine Serie von Fragen geraten, können Sie höchstens ruhig und freundlich (niemals ärgerlich) sagen: «Du weißt die Antwort selbst», nicht mehr weiterreden und Ihre Arbeit fortsetzen. Wie bereits im letzten Kapitel erwähnt, müssen Kinder dazu angehalten werden, ihre Fehler beim Sprechen selbst zu korrigieren. Spiele können dazu viel beitragen, daß das Kind die feinen Unterschiede zwischen den einzelnen Lauten erkennt, die es anfänglich nicht immer richtig versteht: p, b, k, g, f, w, sch, qu, j, r, l, t, d. Diese Spiele verhelfen ihm zu einer deutlichen Aussprache.

19. *P*: Geben Sie ihm eine Feder oder ein kleines Stück Papier, die es an den Mund halten soll. Zeigen Sie ihm, wie es «puh» sagen soll, damit sich die Feder bewegt. Sie können ihm auch einen Pustefix kaufen; lassen Sie es «puh» sagen und Seifenblasen machen.

20. *K*: Zeigen Sie ihm, wie es die Zungenspitze an die untere Zahnreihe legen und dann «kuh, kuh, kuh, kuh» sagen soll. Spielen Sie «Kukkuck» und ahmen seinen Ruf nach: «Kuckuck».

21. *G*: Lassen Sie es seine Zungenspitze wie beim «k» an die untere Zahnreihe legen und «guh» sagen. Spielen Sie mit diesem Laut ein anderes Tier, z. B. eine Taube.

22. *F*: Lassen Sie es einen Finger anfeuchten und auf die Lippen legen. Zeigen Sie ihm, wieviel Spaß es macht, ffffff zu blasen, so daß sich der Finger ganz kalt anfühlt.

23. *W*: Spielen Sie mit ihm das Bellen eines Hundes: «wau-wau».

24. *Sch*: Legen Sie eine Babypuppe ins Bett und sagen: «Das Baby schläft, ‹sch›» und legen einen Finger an die Lippen. Dann geben Sie ihm die Puppe, damit es sie ins Bett bringt. Nun soll es auch «sch» sagen.

25. *Qu*: Stellen Sie sich vor, Sie und Ihr Kind seien Frösche. Hocken Sie sich hin. Während Sie auf- und niederhüpfen, sagen Sie: «Quak, quak, quak.»

26. *J*: Spielen Sie mit ihm Indianer und rufen: «Jippi-jippi-jeh.»

27. *S*: Stellen Sie sich vor, Sie wären beide Teekessel und schütteten Wasser in sich selbst hinein. Tun Sie so, als säßen Sie beide auf dem Ofen. Atmen Sie tief ein und lassen den Dampf heraus: sssssssss. Es soll das dann nachmachen. Oder spielen Sie Bienen, die um den Bienenstock herumfliegen und dann ausschwärmen, um Honig zu suchen; sagen Sie: «Sum-sum», wenn Sie den «Honig» haben.

28. *L*: Zeigen Sie ihm, wie es den Mund öffnen, seine Zunge hinter die oberen Zähne legen und «lllll» sagen soll. Sagen Sie es einmal lauter, einmal leiser, höher und tiefer. Machen Sie ein Spiel daraus.

29. *R*: Kriechen Sie auf allen vieren und spielen Löwen. Sagen Sie «rrrrr» zueinander.

30. *T*: Spielen Sie mit ihm Eisenbahn oder Auto. Sagen Sie: «Tuuut, tuuut».

31. Mit seinem Wortschatz kann es schon kleine Planaufgaben lösen. Wenn es z. B. ein Puzzlespiel zusammensetzt, sprechen Sie ihm vor: «Wir fangen oben an; dreh es mal um, bis das Stück paßt; leg es an» usw. Wenn es das dann laut sagen kann, soll es das auch einmal flüstern. Und später soll es das dann nur zu sich selbst sagen. Wissenschaftliche Untersuchungen haben gezeigt, daß Kinder, die das gelernt haben, vieles viel schneller erlernen und behalten können.

Alle kleinen Kinder sprechen stockend und wiederholen die Laute manchmal. Die Eltern sind dann oft unnötig beunruhigt. Sie ermahnen das Kind, «langsamer zu sprechen», «erst nachzudenken», oder korrigieren falsche Ausdrücke andauernd. Dadurch kann die sprachliche Entwicklung des Kindes gehemmt werden. Wenn es sich kritisiert fühlt, lernt es nicht mehr so gut, weil es Angst hat, etwas Falsches zu sagen. Es schämt sich und macht dann noch langsamere Fortschritte. Es ist ganz normal, daß ein Kind stockend spricht, manche Laute wiederholt oder in die Länge zieht, wenn es aufgeregt oder in Eile ist – das bedeutet aber nicht, daß es eine Sprachstörung hat. Die einzige Hilfe, die Sie ihm geben können, sind Spiele und Spielübungen, an denen es Freude hat und durch die seine Sprachfähigkeit wächst.

32. Ein Kind im Alter von zwei bis drei Jahren kann auch schon die Buchstaben des Alphabets lernen und sogar anfangen, einige Worte zu lesen. Wenn Sie die in diesem Buch vorgeschlagenen Übungen mit ihm gemacht haben, kann es im Alter von drei Jahren zu lesen anfangen, vorausgesetzt, Sie wenden eine gute Lehrmethode an. (Erkundigen Sie sich bei Ihrem Buchhändler. Er kann Ihnen eine Anzahl guter Bücher dafür empfehlen.)

Tages-Lehrprogramme

30. bis 36. Monat

(Die folgenden Übungen sind größtenteils *ausführlich* auf den vorhergehenden Seiten beschrieben.)

Tagesprogramm I

Muskeltraining und Fingerfertigkeit
Zeichnen eines Kreises.
Malen mit Fingerfarben.
Kletterausrüstung.

Selbstbewußtsein
Zeichnen eines Gesichts.

Zeitgefühl
«Gestern», «heute», «morgen».
Tagesplan.

Aufgaben lösen
Gleich große Gegenstände erkennen.
Kästchen zum Ineinandersetzen.
Puzzlespiele.
Kekse zählen.
Finger abzählen.

Sprachfähigkeit
Wie sich die Dinge bewegen.
«In», «auf», «unter».
Tätigkeitswörter.
Sprich den ganzen Satz.

Tagesprogramm II

Muskeltraining und Fingerfertigkeit
Anfertigen einer Collage.
Schneiden mit Scheren.
Durch einen Tunnel kriechen.
Ballspielen mit großen und kleinen Bällen.

Selbstbewußtsein
«Was ist falsch an diesem Bild?»

Zeitgefühl
Vergangenheitsformen der Tätigkeitswörter.

Aufgaben lösen
Große, kleine oder mittelgroße Bälle die Treppe herunter-
werfen.
Einen Turm aus Kästen bauen.
Je einen Pfennig in zwei Schachteln legen.

Sprachfähigkeit
Erklären von Gegensätzen.
Bilder, auf denen eine Handlung dargestellt ist.
Üben des Lautes «p».

Tagesprogramm III

Muskeltraining und Fingerfertigkeit
Bilder anfertigen durch Verbinden von Punkten.
Schneiden mit Scheren.
Dreirad fahren.
Kletterausrüstung.

Selbstbewußtsein
Lieder, in denen Körperteile besungen werden.

Rollenspiel
Lassen Sie es eine Weile nach eigener Phantasie spielen.

Zeitgefühl
Sagen Sie ihm im voraus, was getan wird.
Vergangenheitsform.

Aufgaben lösen
Puzzlespiele.
Je zwei Pfennige in zwei Schachteln legen.
Gleiche Farben erkennen.
Bilder ordnen.

Sprachfähigkeit
Gegensätze.
Verneinende Aussagen.
Spiel-Ausspracheübung «k».

Tagesprogramm IV

Muskeltraining und Fingerfertigkeit
Das Schuhe-Zubinden üben.
Zeichnen eines Vierecks.

Malen eines Bildes.
Schaukeln und rutschen.
Gehen und laufen im Takt eines Schlaginstruments.

Selbstbewußtsein
Anspannen und entspannen.

Zeitgefühl
Lassen Sie das Kind erzählen, was es während Ihrer Abwesenheit getan hat.

Aufgaben lösen
Große und kleine, im Haus gefundene Gegenstände.
Je drei Pfennige in drei Schachteln legen.
Zählen bis 10.
Wie alt bist du?
Farben benennen.

Sprachfähigkeit
Mehrzahl.
Erklären Sie ihm, wie «und» gebraucht wird.
Nennen Sie ihm die Bezeichnungen für Dinge, die es zum erstenmal gesehen hat.
Üben des Lautes «f».

Tagesprogramm V

Muskeltraining und Fingerfertigkeit
Zeichnen eines Dreiecks.
Zeichnen eines Bildes.
Durch einen Tunnel kriechen.
Dreirad fahren.

Selbstbewußtsein
Lieder, in denen Körperteile besungen werden.
Gesicht zeichnen.
Gliedmaßen bewegen.

Erziehung zur Selbständigkeit
Wasch- und Anziehübungen, wenn nötig.

Aufgaben lösen
Je vier Pfennige in vier Schachteln legen.
Zählen bis 10.
Finger abzählen.
Kekse zählen.
Farben benennen.
Wie alt bist du?

Sprachfähigkeit
Gegensätze.
Verneinende Aussagen.
Mit dem Teddybär hantieren und sagen, was man tut.
Tätigkeitswörter.
Spiel-Ausspracheübungen zum Laut «sch».

Tagesprogramm VI

Muskeltraining und Fingerfertigkeit
Malen mit Fingerfarben.
Anfertigen einer Collage.
Schaukeln und rutschen.
Ballspielen.

Selbstbewußtsein
Anspannen und entspannen.
Auf dem Boden liegend die Beine bewegen.

Zeitgefühl
«Gestern», «heute», «morgen».
Vergangenheitsform.

Aufgaben lösen
Große und kleine Dinge im Haus.
Puzzlespiele.
Singen von Zählreimen.
Bausteine aufeinanderstapeln und zählen.
Die Farben verschiedener Dinge im Haus benennen.
«Unterschiede» – «anders als».

Sprachfähigkeit
«Zwischen», «unter», «über».
Persönliche Fürwörter.
Üben der neu hinzugelernten Wörter.
Spielübungen zum Laut «qu».
Spielübungen zum Laut «s».

Nachwort

Die Familie von morgen

Mit dem Wissen um die Schnellebigkeit unseres technischen Zeitalters und um die zwingende Notwendigkeit, eine Welt zu schaffen, die durch Vernunft die Selbstzerstörung verhindern kann, ist es kein Wunder, daß unser ernsthaftes, aber glückbringendes «erzieherisches Spielen» das «Spielen» im alten Sinn als Hauptbeschäftigung der frühen Kindheit verdrängt.

Erzieher beschäftigen sich immer mehr mit den «Versagern» in der Schule, die sowohl aus den unteren als auch aus den oberen Schichten der Gesellschaft stammen. Diese jungen Leute sind so entmutigt durch ihr Versagen in der Schule, daß sie ihre Aufgaben als nützliche Mitglieder der Gesellschaft nicht wahrnehmen. Das wirkt sich ebenso nachteilig auf die Gesellschaft wie für den einzelnen aus. Es ist offensichtlich, daß das Hauptaugenmerk bei der Erziehung mehr auf die Verhinderung von Erziehungsfehlern gerichtet sein sollte als auf die Förderung der «Spätentwickler». Es kommt also darauf an, daß eine gut durchdachte Erziehung möglichst frühzeitig beginnt.

Wissenschaftliche pädagogische und psychologische Untersuchungen haben gezeigt, daß die Grundlagen für die geistige Entwicklung und die Lernbereitschaft – ebenso wie die anderen Eigenschaften des Kindes – schon sehr früh geformt werden. In einer Untersuchung über den Einfluß, den die Umwelt eines Babys auf seine geistige Entwicklung ausübt, wurde geschätzt, daß «sich 50 % der geistigen Entwicklung in dem Zeitraum von der Geburt bis zum vierten Lebensjahr vollzieht, ungefähr 30 % zwischen dem fünften und achten Lebensjahr und ungefähr 20 % zwischen dem neunten und siebzehnten Lebensjahr».

Was macht die Vorschuljahre zu solch leistungsfähigen «Lehrjahren»? Offensichtlich ist das Kind hier abhängiger von den Verhältnissen in seiner Umwelt als während der Schulzeit. Es macht seine eigenen Erfahrungen durch das Leben in seinem Elternhaus und dadurch, wie es diese seine Umwelt interpretiert. Es lernt auch durch sein Tun und sein Experimentieren – ohne die Angst vor eigenem Versagen; weil es Spaß macht, wiederholt es eine Aufgabe so lange, bis es sie gemeistert hat. Wir können es uns nicht leisten, die ersten Lebensjahre des Kindes nutzlos verstreichen zu lassen. Wir müssen bewußt einen Lebensstil anstreben, der den Wissensdrang und die Entwicklung schöpferischer Fähigkeiten fördert – als Beitrag zu unserer Kultur, in der sich das Kind entwickelt, und zu unserer Welt.

Kinder richtig aufzuziehen, ist eine sehr schwierige Aufgabe, die sowohl Disziplin als auch Nachgiebigkeit erfordert. Aus Angst zu versagen, verzagen Eltern oft in ihrem Bemühen, wo es doch so wichtig wäre, Erfolg zu haben. Ein wenig systematisches Planen ermöglicht es, zur Zufriedenheit der ganzen Familie miteinander zu arbeiten und zu spielen. Wir sollten *mit* unseren Kindern leben und nicht *für* sie; wir sollten unsere Lebensgewohnheiten nicht ändern, weil es das Beste für die Kinder ist, sondern weil es das Beste für die ganze Familie ist. Wir sollten nicht nur wissen, worauf wir zu achten und was wir zu vermeiden haben, sondern auch, was wir erwarten und willkommen heißen können. Eine geistesverwandte lebensbejahende, demokratisch geführte Gemeinschaft mit Freude an den kleinen und großen Ereignissen des Alltags wird sicher gemeinsam auf Entdeckungsreisen gehen und zu nutzbringenden Spielen und Arbeiten angeregt werden.

Angefangen beim einfachsten kindlichen Spiel gibt es eine Fülle erzieherischer Maßnahmen, wenn die Eltern eine sinnvolle Auswahl des Spielzeugs treffen und dem Kind auch erlauben, selbst neue Spiele und Ideen daraus zu entwickeln. Am Unterrichten ihres Kindes werden die Eltern immer dann Freude haben, wenn sie mit dem Kind gemeinsam spielen. Dieses «Mit-Spielen» der Eltern muß aus vollem Herzen kommen, sonst verliert das Kind das Interesse daran.

Erziehung darf nicht nur das Erlernen bloßer Fakten einschließen, sondern auch das Verständnis für andere Menschen, so daß man sich auch mit ihnen identifizieren, mit ihren Augen sehen und mit ihren Ohren hören kann. Sein tiefes Interesse an dem grundlegenden Antrieb eines Menschen – dem Leben mutig entgegenzutreten – drückt Alfred Adler, der weltbekannte Wiener Psychiater, in seinem Buch «Menschenkenntnis» aus: «Nur ein Mensch, der mutig und selbstbewußt ist und sich in der Welt zu Hause fühlt, kann sowohl aus den Schwierigkeiten als auch aus den Vorzügen des Lebens Nutzen ziehen. Diese Menschen kennen keine Furcht. Sie wissen, daß Schwierigkeiten auftauchen, aber sie wissen auch, daß sie mit ihnen fertig werden können.»

Erziehung muß auch klarmachen, wie den großen Aufgaben des Lebens entgegenzutreten ist und wie sie zu meistern sind: das Leben in einer Gemeinschaft; die Arbeit als sozialer Beitrag; die richtige Einstellung zu Liebe und Ehe; die Zufriedenheit mit sich selbst; die Erkenntnis seiner eigenen Individualität und der Rolle, die man in der Geschichte der Menschheit spielt, als jemand, der sich von allen anderen Menschen der Vergangenheit, der Gegenwart und der Zukunft unterscheidet. Wenn er in der Lage ist, diese Lebensaufgaben zu lösen, wird der einzelne unabhängig und reif dafür sein, sein Leben sinnvoll zu gestalten.

Ein syrischer Dichter sagt uns, welche Haltung wir heranwachsenden Kindern gegenüber einnehmen sollten:

«Und eine Frau, die ihr Baby an ihre Brust drückte, sagte:
Erzähle uns von Kindern.
Und er sagte:
Deine Kinder sind nicht Deine Kinder.
Sie sind die Söhne und Töchter der Sehnsucht nach dem Leben selbst.
Sie kommen durch Dich, aber nicht von Dir.
Und obwohl sie bei Dir sind, gehören sie Dir nicht.

Du kannst ihnen Deine Liebe geben, doch nicht Deine Sinne, denn sie haben ihre eigenen.
Du bist die Heimat ihrer Leiber, doch nicht ihrer Seelen; ihre Seelen wohnen in der Zukunft, die Du nicht siehst, nicht einmal in Deinen Träumen.
Du kannst Dich bemühen, wie sie zu sein,
doch versuche nicht, sie Dir gleich zu machen.
Denn das Leben schaut nicht zurück und wartet nicht auf das Gestern.

Du bist der Bogen, durch den Deine Kinder als lebendige Pfeile ins Leben geschossen werden.
Der Schütze sieht das Zeichen auf dem Weg in die Unendlichkeit,
und Er spannt Dich mit aller Macht,
so daß Seine Pfeile schnell und sicher ihr Ziel erreichen.
Freue Dich, daß Du in der Hand des Schützen liegst.
Denn, wie den fliegenden Pfeil liebt Er den Bogen, der geschmeidig ist und fest.»

Kahlil Gibran: Der Prophet (1923)

Fremdworterklärungen

Abstraktionsfähigkeit	Fähigkeit, aus Wahrnehmungen, Anschauungen usw. Allgemeinvorstellungen durch Hervorheben der wesentlichen Merkmale zu schaffen (einfaches Beispiel: Ich sehe einen Dackel und einen Terrier und denke dabei: beide sind Hunde, darüber hinaus: Haustiere, die zur Gattung der Säugetiere gehören).
Aktivität	Tätigkeitsdrang.
Atmosphäre	Umwelt.
Assoziationsfähigkeit	Die Fähigkeit, bei bestimmten Erlebnissen oder beim Wahrnehmen bestimmter Signale oder Gegenstände damit verbundene frühere Erlebnisse, Personen usw. ins Gedächtnis zu rufen (eine Stimme oder ein Gesicht erinnert einen an irgend jemand).
Biologisch	Naturbedingt.
Charakter	Eigenart oder Eigentümlichkeit eines Menschen, auch: seine Persönlichkeit, sein Wesen.
Detail	Einzelheit.
Diagonal	Zwei gegenüberliegende Ecken verbindend.
Disziplin	Ordnung, Ein-, Unterordnung.
Effekt	Wirkung, Wirkungsweise.
Element	Grundbestandteil, -begriff, Baustein.
Empirisch	Erfahrungsgemäß. Empirische Untersuchung: wissenschaftliche Untersuchung aufgrund von gezielten Beobachtungen, Erfahrungen, Feststellungen, Umfragen usw.
Exemplar	Stück.
Experimentieren	Versuche anstellen.
Fakten	Tatbestände.
Faktor	Umstand, Ursache.
Funktionsbereit (Funktionen)	Bereitschaft, eine Aufgabe auszuführen, eine Leistung zu vollbringen.

Identifizieren	Gleichsetzen.
Individualität *(individuell)*	Einzigartigkeit, persönliche Eigenart eines Menschen.
Information	Auskunft, Aufklärung.
Instinkthandlungen	Handlungen, die aufgrund des Erbgutes nicht erlernt zu werden brauchen (z. B. Hungerinstinkt, Fortpflanzungsinstinkt). Im Gegensatz zum Tier kann der Mensch angeborene Instinkte durch seine Einsicht und seinen Willen steuern.
Integriert	Eingefügt, hineingestellt. Soziale Integration: Das Hineinstellen und Einfügen in die Gesellschaft (in das öffentliche Leben).
Intelligenzquotient *(IQ)*	Der IQ ist das wissenschaftliche Maß der in einem Test ermittelten Intelligenzleistung eines Menschen in bezug auf die Leistung einer vergleichbaren Gruppe von Menschen, einer Bezugsgruppe.
Intention	Absicht, Vorhaben.
Interesse	Neigung.
Interpretieren	Auslegen, deuten.
Kausal	Das Verhältnis Ursache – Wirkung betreffend.
Kindespsychologie	Wissenschaft von der seelischen Entwicklung des Kindes.
Klischee	Abklatsch.
Konfrontieren	Gegenüberstellen.
Konjugieren	Ein Zeitwort beugen.
Konsequenz	Folge, Auswirkung.
Konstruktiv	Aufbauend, fördernd.
Konzentrationsfähigkeit	Fähigkeit, sich aufmerksam und zielgerichtet über einen längeren Zeitraum mit einem bestimmten Spiel, einer Arbeit, einem Thema zu befassen.
Konzentrisch	Mit gemeinsamem Mittelpunkt.
Korrigieren	Berichtigen, verbessern.
Kritisieren	Tadeln, bemängeln, beanstanden.
Lektion	Unterrichtsabschnitt.
Logisch	Folgerichtig, schlüssig.
Maximal	Bestmöglich.

Methode	Verfahren.
Motorisch	Die Bewegungsabläufe (Muskulatur) betreffend.
Norm	Richtmaß, Maßstab.
Pädagogisch	Die Erziehungslehre betreffend.
Phantasie	Vorstellungskraft, Erfindungsgabe, Einfallsreichtum, auch: träumerisches Erleben.
Phase	Entwicklungsstufe, -abschnitt, -zeitraum.
Physisch	Körperlich, den Körper betreffend.
Positiv	Bejahend.
Praktikabel	Durchführbar, brauchbar.
Prinzip	Grundsatz.
Programmiert	In einem Programm zusammengestellt.
Prozeß	Verlauf, Ablauf, Hergang.
Psychisch	Seelisch, das Seelenleben betreffend.
Reaktion	Rückwirkung, Verhalten oder Tun aufgrund eines empfangenen körperlichen oder seelischen Reizes durch die Umwelt oder den eigenen Körper.
Rehabilitationstherapie	Behandlung körperlich und geistig Behinderter mit dem Ziel, sie weitgehend in das berufliche und gesellschaftliche Leben einzufügen.
Reservieren	Freihalten.
Respektieren	Anerkennen, gelten lassen.
Rhythmus	Gleichmäßig gegliederte Bewegung. Lebensrhythmus: Wiederkehr bestimmter Abläufe, z. B. Schlafen, Essen, Spielen, Arbeiten.
Ritual	Fester Brauch.
Sensomotorik	Zusammenwirken von Wahrnehmung und Bewegung (Beispiel: Auge – Hand usw.). In der kindlichen Entwicklung: Vorläufer des Begreifens von Ursache und Wirkung.
Situation	Lage.
Sozial	Die Gesellschaft betreffend, gesellschaftlich.
Soziale Integration	Siehe: integriert.
Stadium	Stufe, Abschnitt.
Systematisch	Folgerichtig, einheitlich gegliedert.

Team	Arbeitsgruppe, Mannschaft.
Test	Untersuchung.
Verb	Zeitwort, Tätigkeitswort.
Vibration	Schwingung, Erschütterung.
Visuell	Das Sehen betreffend.

Hinweise für
empfehlenswertes Spielzeug

Im folgenden werden Ihnen einige Empfehlungen für Spielzeug gegeben, das für Ihr Kind in den ersten drei Lebensjahren nützlich sein kann. Dieses Spielzeug ist zum Teil in diesem Buch schon erwähnt; zum größten Teil aber ist es nicht für die Übungsprogramme gedacht, sondern gehört zur Grundausstattung jedes Kleinkindes.

Spielzeug für das 1. Lebensjahr:

Bunte Mobiles
Klangspiele
Greiflinge aus Holz
Klappern, Rasseln
Kugelketten
Puppen und Tiere aus Stoff oder Frottee
Beißringe
Plüschbälle
Plastik- und Holzspielsachen für die Badewanne
Spieldosen
Glockenwürfel
Krabbelbrett
Spielzeug aus Weichplastik (Becher, Bausteine usw.)
Plastik-Bilderbücher

Spielzeug für das 2. Lebensjahr:

Laufstuhl
Steckspielzeug aus Holz oder Kunststoff
Spielzeug zum Hinterherziehen aus Holz
Teddybär und andere Stofftiere, Puppen
Bausteine, Autos aus Holz oder Plastik
Spielzeug für das Planschbecken (Schiffe, Becher usw.)
Reittiere
Steckperlen
Einfache Puzzlespiele
Bilderbücher

Spielzeug für das 3. Lebensjahr:

Tafel zum Malen
Zeichenpapier
Buntstifte
Fingerfarben
Faserschreiber
Knetmasse
Dominospiel
Lego-Spiele
Xylophon
Trommel
Triangel
Unzerbrechliche Spiegel
Puzzlespiele
Figuren, Gebäude, Fahrzeuge aus Plastik, Holz usw.
Dreirad
Puppenmöbel, -kleidung, -geschirr
Puppenwagen
Haushaltsgegenstände
Schaukelpferd
Quartettspiele
Spieltelefon
Memory-Spiele
Kaufladen

Register

Ablauf der Entwicklung 30
Abschätzen von Gewichten 140
Abstraktionsfähigkeit 12
Achtung, gegenseitige 29
Ähnlichkeit der Babys 20
Aktivität des Babys 11
Alfred-Adler-Institut 16
Alter des Kindes 25, 31
Altersstufen 31
Anfangslernen 44–45
Anpassungsabläufe 51
Anregungen für das Fühlen 51, 57, 64–65, 80–81, 91
Anregungen für das Hören 52, 59, 67, 79–80, 90, 105
Anregungen für das Nachahmen 82
Anregungen für das Sehen 52, 58–59, 65–67, 76–79, 89–90, 102–105
Anregungen, visuelle 58
Anziehenlernen 78
An- und Ausziehen 56, 102
Appetit des Babys 21
Arbeit als sozialer Beitrag 172
Ärger 142, 153
Arm- und Handmuskulatur 121
Assoziationsfähigkeit 12
Aufgaben lösen 102, 142, 157–160
Aufnahmefähigkeit des Babys 15, 28
Ausfahren 53
Ausprobieren 44–45
Auswahl der Übungen 53
Auto 60

Babybadewanne 53
Babysprache 128, 145
Baden 56, 68, 80

Badewanne 68
Ballspiele 122, 137
Bauchlage 33
Bausteine 137
Bedeutung der Geborgenheit 44
Bedürfnisse des Kindes 21
Begriffsbildung des Kindes 11, 12, 15, 26
Beobachten von Gegenständen 24
Bestrafung 141
Bewegungsdrang 137
Bezeichnung der Körperteile 122
Bilder aus Zeitschriften 29, 160
Bilderbuch 106
Biologische Funktionen 21
Brust oder Flasche 22

Charakter des Kindes 20
Collagen 153

Dauer der Übungen 10
Dinge tragen 121
Disziplin 172
Donnern 80
Dreirad 154

Einkaufen 92
Einordnung des Spielzeugs 27
Elternhaus 171
Entfernungen abschätzen 83
Entwicklung des Kindes 20
Entwicklung, geistige 14–15, 30
Entwicklung, körperliche 21, 30–43
Entwicklung, motorische 30
Entwicklung schöpferischer Fähigkeiten 171
Entwicklungsmuster 30–43
Entwicklungsprozeß 20

Entwicklungsstand des Kindes 25,
  70
Entwicklungsvorgänge 30
Erbanlagen 20
Erfahrungen des Kindes 20
Erfindungsreichtum der Eltern 29
Erfolg der Übungen 45
Erfolge in der Schule 30
Ermutigen 48
Ernährung des Kindes 21–22
Ernährungsfahrplan 21–22
Ernährungsschwierigkeiten 22
Erziehung zur Selbständigkeit
  141–142
Erziehungsplan 11
Essen 78, 119, 123, 141
Essenszeiten 21
Existenzprobleme der Eltern 12

Familien-Konferenzen 153
Familienleben 88, 91
Fangenspielen 121
Farben erkennen 159
Fertigkeiten des Kindes 45
Fingerfarben 137
Fingerfertigkeit 120–121, 137,
  153–154
Fortbewegung 35
«Fragealter» 163
Frage- und Antwortspiel 144
Freude am Unterricht 45
Frühkindliche Erziehung 12
Frühstück 141
Füttern 20, 22, 51

Gebrauch der Sinne 15
Gebrauch der Sprache 15
Geburt 19, 27
Gedächtnis 12
Gegenstände bezeichnen 162
Gegenstände schieben 121
Gehen 121
Geräusche 53, 80

Geräusche im Haus 23
Geruchssinn 105, 139
Geschicklichkeitsübungen 137
Gesellschaftsschichten 14
Gesichtsteile 77
Gewicht des Babys 53
Gleichberechtigung 29
Gleichgewicht 34
Gliederungsfähigkeit 15
Glöckchen 59, 66, 67, 77
Greifen mit Daumen und Fingern
  31, 40
Greifen und Loslassen 38
Greiflinge aus Holz 65
Größenunterschiede erkennen
  104, 126
Grundlage für das Sprechen 28

Hand 39
Hände waschen 141
Handpuppen 144
Harmonie der Familie 24
Hausarbeit 9
Hausarzt 53
Haushaltsgegenstände 76
Häusliche Atmosphäre 23
Hausordnung 137, 138, 152
Heim 22
Heimkinder 20
Höhenunterschiede kennenlernen
  138
Humor 146, 153
Hunger 51
Hungergefühl des Babys 22

Individualität des Kindes 20
Instinkthandlungen 19
Intelligenz 170
Intelligenz, kindliche 11
Intelligenzquotient 11
Interessen des Kindes 24

Kauderwelsch 145, 161
Kausale Zusammenhänge 137
Kind im Vorschulalter 12
Kinderarzt 21, 22
Kindergarten 14
Kinderlieder 145
Kinderreim 52, 67
Kinderwagen 91
Kindespsychologie 15
Kindliche Intelligenz 11
Klangspiel aus Holz 77
Kleben 153
Kleidung 46
Klettergeräte 154
Klettern 121, 138 '
Knetmasse 139
Konzentration 26, 137
Konzentrationsfähigkeit 47, 76, 89
Kopfbewegungen 32
Körbchen 24, 26, 52
Körperfunktionen 51
Körperteile 64–65, 139
Kosenamen 122
Koseworte 69
Krabbeln 36
Kriechbrett 68
Kriechen 35, 154
Küche 60

Laken 58
Laufen 37, 118, 121
Laufenlernen 121
Laufgerät 121
Laufställchen 24, 27
Lebensgewohnheiten der Familie 21, 171
Lebensgewohnheiten des Babys 53
Lebensrhythmus der Familie 21
Lehrprogramme 26
Leistungsfähigkeit eines Kindes 15
Lektionen 24
Lernaufgaben 30
Lernbereitschaft 28, 171

Lerneifer 14, 45
Lernen 28
Lernen des Babys 20–21
Lernerfolg 142
Lernfähigkeit des Kindes 11, 12, 15, 28, 29
Lernprobleme von Schulkindern 14
Lernvermögen 28, 29
Lesen lernen 12, 165
Lieblingsgerichte 136
Loben 48
Löffel 65
Logisches Denken 95
Lösen von Aufgaben 76, 107–109, 124–128
Luftballon 66

Magendrücken 51
Magenfahrplan 21, 22
Mahlzeiten 23, 102, 119, 136
Malbücher 160
Malen 153
Malen mit Wachsmalstift, Pinsel und Wasserfarben 137
Manieren 163
Mithilfe der Kinder 9
Mittagsschlaf 24
Musik 52
Muskeln 55
Muskeltraining 121–122, 137–138, 154–155
Mutter als Erzieher 29

Nachahmen 26, 45, 69–70, 92, 105, 123
Nachgiebigkeit 172
Nagelspiel 121
Nahrung auf Verlangen 21
Nahrung des Babys 21
Nahrungsmengen 22
Neugier des Kleinkindes 14
Notizbuch 27, 46

Ordnung in der Familie 10

Pedanterie des Kindes 152
Perioden des Wachseins 51
Perlen zum Auffädeln 137
Persönlichkeit des Kindes 20, 163
Phantasie 15, 26, 106, 139, 156
Plastikball 65
Plastikplanschbecken 31, 122
Platz für den Spielunterricht 27
Probleme im Kindergarten 14
Probleme lösen 15, 28
Puppe aus Filz oder Stoff 139
Puppen 24
Puzzlespiel 128, 137, 142, 158

Radio 52
Rassel 59, 65–66,
Räumliche Vorstellung 75, 83, 93–94, 107, 154
Rechte der Familie 22
Rechte des Babys 22
Regelmäßigkeit des Unterrichts 29
Rehabilitationstherapie 14
Reifungsprozeß, physischer 20
Rhythmus 91
Rhythmus in den Mahlzeiten 21
Richtlinien für den täglichen Unterricht 45–48
Ritual 152
Rolle des Vaters 29
Rollen 35
Rollenspiel 106, 156
Rückenlage 32

Sauberkeitserziehung 101, 119
Schallplatte 52
Schaukeln 154
Schere 154
Scheu 76
Schimpfen 153
Schlaf 22–23, 25, 51, 56, 119
Schlafbedürfnis 51

Schöpferische Vorstellungskraft 156
Schreien des Babys 22, 64
Schulbeginn 14
Schule 14
Schwierigkeitsgrade der Übungen 24
Schwimmspielzeug 77
Selbstbewußtsein 94, 106–107, 122–123, 139, 155
Selbstsicherheit 102
Selbstvertrauen 43, 48
Singen 155
Sinnenempfindungen des Babys 19, 51
Sinn für das Zuordnen 26
Sitzen 34
Sitzenkönnen 74
Sitzstellung 32
Sitztisch 46
Soziale Entwicklung 21
Soziale Integration 43
Spaß am Unterricht 47
Spaß durch das Spiel 28
Spätentwickler 171
Spiegel 77, 94, 139
Spiegelbild 77, 94
Spiel 24
Spieltelefon 93, 121, 144
Spielunterricht 64, 77
Spielübungen 25
Spielzeit 27
Spielzeit, günstigste 23
Spielzeug 24, 29, 46, 47, 52, 65
Spielzeugfiguren 143
Spielzeug suchen 124–128
Spielzeugtrommel 90
Spielzeug zum Aufziehen 95, 137
Sprachfehler 146
Sprachliche Entwicklung 12, 21, 110–113, 128
Sprachfähigkeit 12, 14, 102, 128–138, 144–146, 152, 160–165

Sprechen 69, 110, 123
Sprechenlernen 26
Sprechübungen 26, 110, 162, 164
Stehaufmännchen 67
Stehen 36, 37, 67, 101
Stoffpuppe 65
Stottern 146
Streitigkeiten unter Geschwistern 9
Stufen der Entwicklung 30–43
Stundenplan 24–25, 47
Systematisches Planen 172

Tagesablauf 23, 45, 152
Tagesablauf der Familie 21
Tagespläne 26
Tischdecken 23
Ton 139
Tonband 52
Trinken 67
Trödeln 141
Trotzkopf 119
Turnstange 68

Überängstlichkeit der Mutter 21
Übungsprogramme 28
Umgang mit anderen Menschen 76
Umwelt 28, 44, 139, 171
Umwelt des Babys 14, 20
Unterrichtsplan 27, 46
Ursache und Wirkung 31, 77, 95
Urteilskraft 12
Urteilskraft der Kinder 15

Vater als Erzieher 29
Verbote 101–102
Verdauung 136
Verhältnis zu Vater und Mutter 28
Verhinderung von Erziehungsfehlern 171
Versagen in der Schule 160, 171

Verstand des Kindes 28
Verstecken 137
Vorlesen 145
Vorschule 12–13
Vorschulerziehung 13
Vorschuljahre 171
Vorstellungskraft 106, 123, 139–140, 156
Vorübungen zum Sprechen 69

«Warumalter» 163
Wäscheklammer 75
Waschen 141
Werfen mit Bällen 119
Wickeln 51
Wiegenlied 67
Windelwechseln 20
Windglocken 67
Wissensdrang 171
Wohl des Kindes 22
Wortschatz 29, 128, 161, 164

Zahlen 159
Zählen 158–159
Zahlwörter 130, 158
Zähne putzen 141
Zeichnen 153, 156–157
Zeichnen mit Kreide oder Bleistift 137
Zeit 123–124
Zeitabläufe 124
Zeitgefühl 123–124, 140, 157
Zeit zum Entdecken 26
Zeit zum Wiederholen 26
Zorn auf die Eltern 142
Zu-Bett-Gehen 24
Zusammengehörigkeitsgefühl 44
Zusammenhänge, kausale 26, 80
Zusammenspiel der Finger 41
Zusammenspiel der Hände 41–42
Zusammenwirken von Augen und Händen 42–43, 77

Wechselberg/Puyn

Mutter und Kind heute

Schwangerschaft ohne Sorgen!
Geburt ohne Angst! Für informierte Mütter
selbstverständlich, denn Wissen gibt
Sicherheit.
Sicherheit vermittelt dieser Ratgeber den Eltern
auch nach der Geburt:
in der Säuglingspflege, in der Betreuung von
Kleinkindern und für alle Erziehungsprobleme
bis zum Schuleintritt.
Dazu das Lexikon der Kinderkrankheiten:
das schnell und übersichtlich informiert
über Anzeichen, Verlauf, Ansteckung, Verhütung
und die richtige Behandlung von
Krankheiten.

396 Seiten mit 300 Abb.
24.–DM

Bertelsmann
Ratgeberverlag/München

Ratgeber für Haus und Familie

Geraldine Lux Flanagan
DIE ERSTEN NEUN MONATE DES LEBENS
Mit 115 ungewöhnlichen Abb. Nachwort von Adolf Portmann [6605]
In diesem ebenso sachkundigen wie warmherzigen Buch und seinen ungewöhnlichen Fotos verfolgen wir den Prozeß im Mutterleib vom Augenblick der Empfängnis über die neun Monate des Wachstums bis zur Geburt.

Haim G. Ginott
ELTERN UND KINDER
Elternratgeber für eine verständnisvolle Erziehung [6081]
Eltern und Kinder – in vielen Familien müßte es heißen: Eltern gegen Kinder und Kinder gegen Eltern. Dieses Buch hilft den oft ratlosen Eltern, die Erziehung auf die Natur ihrer Kinder abzustimmen.

rororo HAUSARZT
Ein praktischer Ratgeber für die Familie. Von Dr. Kurt Pollak [6053]
Über 300 Stichwörter, 170 Zeichnungen im Text, 60 einfarbige und 40 mehrfarbige Tafelabbildungen. Gesundheit wissen wir erst zu schätzen, wenn wir krank sind. Das vorliegende Handbuch, von einem erfahrenen Arzt geschrieben, macht vertraut mit den Funktionen unseres Körpers und seiner Organe, mit Ursachen und Verlauf vieler Krankheiten.

Kurt Hofmeier / Werner Schwidder / Friedrich Müller
ALLES ÜBER DEIN KIND
Auskunfts- und Nachschlagewerk nach Altersstufen über die körperliche und seelische Entwicklung, Pflege und Erziehung des Kindes. Band I und II [6702 u. 6703]
Dieses Werk bietet undogmatisch, alltagsbezogen und anwendbar ein modernes Kompendium über alle Altersstufen vom Tage der Geburt bis zum Eintritt in das Erwachsenenalter.

Ingrid Mitchell
WIR BEKOMMEN EIN BABY
Ein praktisches Kursusprogramm für Übungen zu Hause während der Schwangerschaft. Die modernste Methode zur Vorbereitung beider Eltern auf ein harmonisches Geburtserlebnis. Mit 25 mehrfarbigen und 66 einfarbigen Abb. [6698]

Prof. Dr. Horst-Eberhard Richter
ELTERN, KIND UND NEUROSE
Die Rolle des Kindes in der Familie [6082]
Welche Kindheitserlebnisse sind es, die zu seelischen Erkrankungen und zu Störungen der Charakterentwicklung führen? In welchem Ausmaß und in welcher Weise können die Eltern kindliche Fehlreaktionen hervorrufen? Und umgekehrt: Können Eltern durch erzieherische Maßnahmen die Entstehung von Neurosen bei ihren Kindern verhüten?

rororo SPIELBUCH
Regeln und Anregungen für tausend Spiele im Haus und im Freien. Mit 143 Abbildungen [6115]
Denksport-, Lege-, Schreib-, Zeichen-, Geduld- und Kartenspiele, Würfeln, Zaubertricks und Brettspiele, Ballspiele und Wettkämpfe, Geländespiele und Mannschaftssport: eine Enzyklopädie der guten Laune.

Dr. Heinrich Wallnöfer
BESSER ALS TAUSEND PILLEN
Ratgeber der Gesundheitspflege. Mittel und Methoden zur gefahrlosen Selbstbehandlung im Krankheitsfall. Mit 100 Abb. im Text und 10 Tabellen [6152]

Paul und Jean Ritter
Freie Kindererziehung in der Familie

Wie ist das Prinzip Summerhill auf die Erziehung in der Familie anwendbar?

Können und sollen Kinder in völliger Selbstbestimmung aufwachsen?

Das Ehepaar Ritter schildert auf Grund eigener Erfahrung aus 20 Jahren, wie das Familienexperiment mit sechs Kindern gelungen ist.
320 Seiten. Brosch.

Rowohlt

755/1

Geraldine Lux Flanagan
Die ersten neun Monate des Lebens

Nachwort von Adolf Portmann
Mit 115 ungewöhnlichen Abbildungen

Das Buch im Urteil der Wissenschaftler:

Prof. Dr. Hermann Knaus, o. ö. Universitätsprofessor
Vorstand der geburtshilflich-gynäkologischen Abteilung des Krankenhauses
der Stadt Wien-Lainz

«Ich kann mich nur dem Urteil von Herrn Prof. Portmann anschließen
und erklären, daß dieses Buch eine wertvolle Bereicherung der ein-
schlägigen Literatur darstellt und jeder werdenden Mutter auf das
wärmste zu empfehlen ist.»

Dr. George W. Corner, M. D.
Director, Department of Embryology of the Carnegie Institution of Washington,
1940–1956 / Professor Emeritus of Embryology John Hopkins University /
Historian, Rockefeller Institute for Medical Research / Executive Offizier,
American Philosophical Society

«Jede junge Frau, die ihr erstes Kind erwartet, wird hier einen ver-
tieften Einblick in die Würde und besondere Schönheit ihres Erlebens
gewinnen. Mit dieser klaren und warmherzigen Darstellung und ihren
authentischen und instruktiven Bildbeigaben hat Frau Flanagan die Geschichte des Lebensanfangs in utero nicht nur verständlich, sondern
auch faszinierend und schön gestaltet.»

20. Tausend · 104 Seiten mit 133 Abb. · Leinen
und als Taschenbuchausgabe
30. Tausend · rororo sachbuch 6605

478/1

Summerhill

A. S. Neill

**Theorie und Praxis
der antiautoritären Erziehung
Das Beispiel Summerhill
338 Seiten. Geb. und Taschenbuchausgabe:
rororo sachbuch 6707**

**Das Prinzip Summerhill:
Fragen und Antworten
Argumente, Erfahrungen, Ratschläge
rororo sachbuch 6690**

**Neill, Neill, Birnenstiel
Erinnerungen des großen Erziehers
352 Seiten mit 8 Abb. auf Kunstdrucktafeln
Brosch.**

**Summerhill: Pro und Contra
15 Ansichten zu A. S. Neills Theorie und Praxis
rororo sachbuch 6704**

Rowohlt

684/4

Ingrid Mitchell

Wir bekommen ein Baby

Ein praktisches Kursusprogramm für Übungen zu Hause während der Schwangerschaft. Die modernste Methode zur Vorbereitung beider Eltern auf ein harmonisches Geburtserlebnis. Einführung von Dr. Pierre Vellay

In Deutschland nimmt man es als selbstverständlich hin, daß eine Geburt – einer der wichtigsten und glücklichsten Augenblicke im Leben einer Frau – von Angst und Schmerzen begleitet ist. Ingrid Mitchell beweist in ihrem Buch, daß das heute nicht mehr so sein muß. Zwar verspricht sie ihren Lesern nicht, daß eine Geburt ohne jeden Schmerz stattfinden wird; aber die von ihr angewandte Methode der Geburt nach gemeinsamer psychoprophylaktischer Vorbereitung des Elternpaares läßt die Frau ihre Schwangerschaft – mit Unterstützung des Ehemannes – freudiger und gelassener erleben. Da das Problem der Elternschaft beide Ehegatten angeht und der zukünftige Vater sich oft hilflos und ausgeschlossen fühlt, hat die psychoprophylaktische Methode dem Ehemann eine aktive Rolle bei der Geburtsarbeit zugewiesen. Auch er sollte die Methode erlernen, um seiner Frau bei den Übungen zu Hause helfen und während der Eröffnungsphase darauf achten zu können, daß sie «alles richtig macht». In vielen Fällen wird es ihm hoffentlich gestattet sein, auch bei der Entbindung anwesend zu sein. Es ist wissenschaftlich bewiesen, wie unerhört wichtig die Teilnahme des Mannes sowohl für die völlige Entspannung und Zufriedenheit der Frau bei der Entbindung als auch für eine verstärkte eheliche und Vater-Kind-Beziehung sein kann. Ingrid Mitchell beseitigt mit ihrem Buch belastende Tabus und bedrückende Mythen. Diese Methode macht die Geburt eines Kindes zum freudigen Ereignis, sie bestätigt der Frau einen Aspekt ihrer Persönlichkeit und vermittelt den Eltern das Gefühl echter Gemeinsamkeit.
rororo sachbuch 6698. Mit 25 mehrfarb. und 66 einfarb. Abb.

720/1